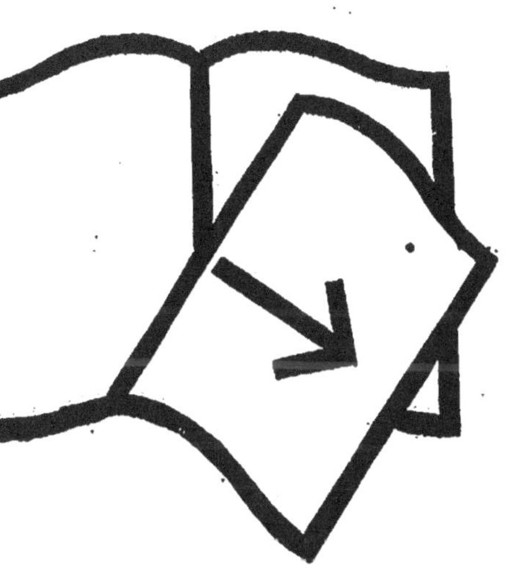

Couverture inférieure manquante

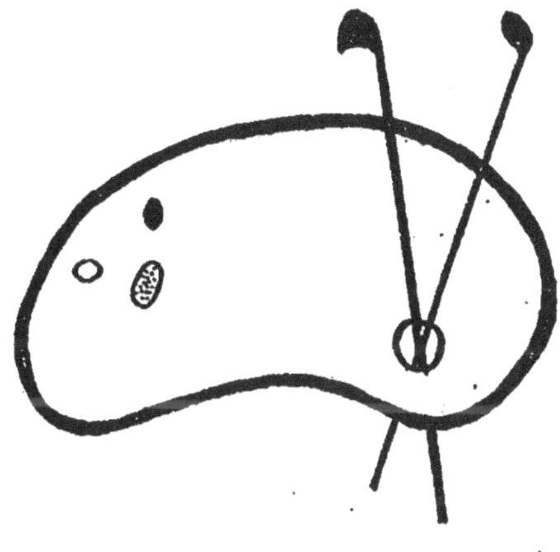

DÉBUT D'UNE SÉRIE DE DOCUMENTS
EN COULEUR

LA
RÉVOLUTION
EN
TOURAINE

PAR

CHARLES D'ANGERS

TOURS

CHEZ LES PRINCIPAUX LIBRAIRES

—

M DCCC LXXXIX

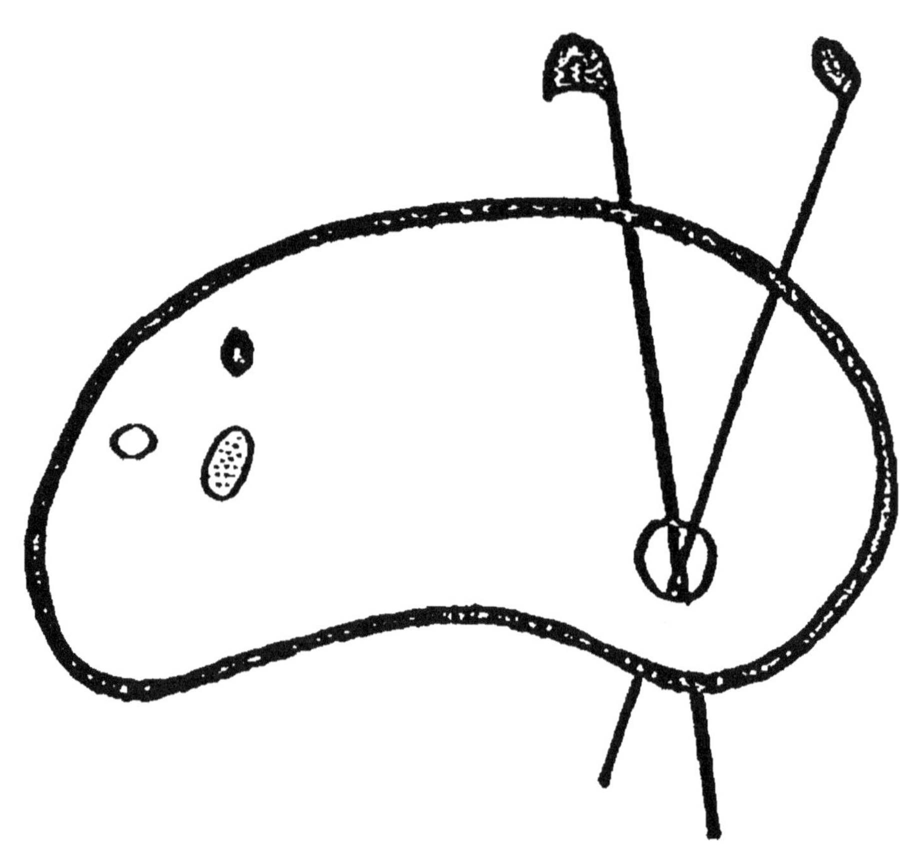

FIN D'UNE SERIE DE DOCUMENTS
EN COULEUR

LA
RÉVOLUTION EN TOURAINE

LA
RÉVOLUTION
EN
TOURAINE

PAR

CHARLES D'ANGERS

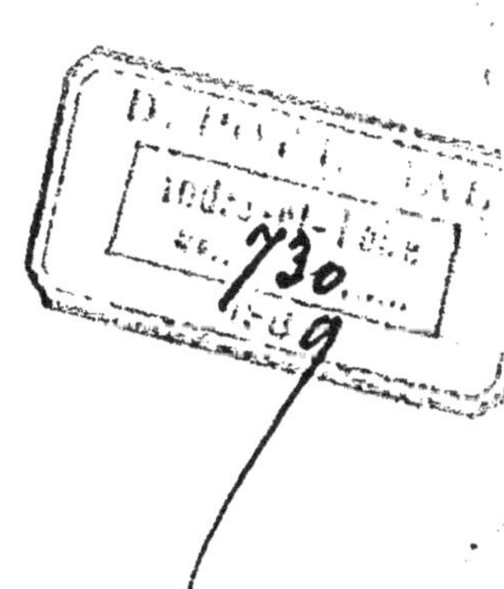

TOURS
CHEZ LES PRINCIPAUX LIBRAIRES

—

M DCCC LXXXIX

PRÉFACE

Cent ans après les événements dont le gouvernement a voulu fêter le centenaire, il nous a semblé bon de montrer ce que fut la Révolution en Touraine.

L'enseignement public, tout entier entre les mains de l'État, a persuadé aux Français que la Révolution avait été un événement indispensable à la réforme des nombreux abus de l'ancien régime.

Surveillée par des gouvernements plus ou moins imbus des principes révolutionnaires, l'histoire officielle s'est appliquée à voiler la vérité, et alors le public confond les réformes réclamées par le peuple, voulues par la noblesse et le clergé, accordées par le roi dans ses ordonnances royales du 23 juin, avec la Révolution, qui entrava le sage mouvement des réformes pour y substituer un mouvement de destruction dirigé contre la société tout entière.

Heureusement des hommes indépendants et de bonne foi, tels que Le Play, Taine, le P. Deschamps et autres, ont cherché et découvert la vérité. Ils ont acquis la certitude que cette Révolution avait pour causes premières : la réforme de Luther et l'esprit d'examen, les philosophes et l'esprit de critique, le contrat social de Rousseau, l'impiété du XVIII° siècle. Ils nous ont appris que la Révolution avait été préparée de longue main par la franc-maçonnerie, et que certains excès de la Terreur avaient été arrêtés avant 1789.

Le peuple souffrait; les révolutionnaires exploitèrent sa souffrance pour la faire servir au succès de leur ambition politique. Ils changèrent le cri d'enthousiasme et d'espérance de la France en un cri de haine et de vengeance, et firent peser sur le pays dix années de débauche, de misère et de sang, pour nous donner, disaient-ils effrontément, la liberté, l'égalité et la fraternité.

La liberté révolutionnaire n'est que la licence du mal; l'égalité révolutionnaire est l'écrasement des minorités, l'oppression des catholiques; quant à la fraternité, qui suppose l'amour du prochain, elle n'existe pas sans religion.

Si certains abus ont disparus dans le cataclysme, beaucoup d'autres n'ont fait que changer de forme, tandis qu'on a détruit d'excellentes institutions qui, une fois débarrassées des abus, eussent pu assurer au peuple des siècles de prospérité.

Empressons-nous de dire à ceux qui seraient tentés de nous accuser de partialité, que longtemps nous nous sommes mépris sur le véritable but de la Révolution; que c'est aux savants dont nous avons parlé plus haut que nous devons d'avoir modifié notre opinion, et que ce petit ouvrage est le résultat de recherches consciencieuses, faites dans les vieux textes[1], et dans le seul but de servir la cause de la vérité.

Tours, le 28 juin 1889.

---

[1] La plus grande partie des sources auxquelles nous avons puisé se trouvent à la bibliothèque de Tours, principalement dans les recueils et liasses provenant de la bibliothèque de feu M. Taschereau. Ces sources sont des manuscrits, des circulaires administratives, des journaux, des professions de foi, etc., écrits ou imprimés *pendant la période révolutionnaire*.

LA
RÉVOLUTION EN TOURAINE

CHAPITRE I

LA RÉVOLUTION S'EMPARE DU POUVOIR AU NOM DE LA LIBERTÉ

I. — Préparation de la Révolution.

C'est aujourd'hui un fait incontestable que la Révolution est en grande partie l'œuvre de la franc-maçonnerie.

Cette société secrète fit son apparition en France vers 1725. Son but était de détruire le catholicisme et de bouleverser toute la société. Elle s'appuya sur les jansénistes en lutte avec l'Église, sur les protestants et sur le parti de la régence, dont elle flatta les passions et se ménagea la protection.

Elle attira dans ses rangs la majeure partie des magistrats et hommes de loi qui contre-balançaient l'autorité royale, parvint à faire des adeptes dans le clergé, fut l'instigatrice des désordres de la cour et des grands, et fit naître des abus ou les augmenta dans toutes les institutions politiques et économiques.

Par le club d'Holbach et l'école philosophique de Voltaire, elle jeta le discrédit sur tout ce qu'elle voulait faire disparaître, en répandant dans toute la France des milliers de brochures calomniatrices qui rejetaient la cause des désordres et des abus dont elle était l'auteur sur le roi, la religion, le clergé et le principe même des institutions.

Enfin elle fit avorter hypocritement toutes les réformes tentées par les hommes d'ordre, afin de se ménager des prétextes dans les souffrances du pays pour tout détruire lorsqu'elle se sentirait assez puissante en France.

Certes, elle ne le fut que trop tôt. A la veille de 1789, elle avait amassé des sommes énormes destinées à faire les frais des premières émeutes ; elle comptait en France sept cent trois loges, réparties dans trois cent villes environ. Elle avait groupé tous les hommes de mal répandus dans le pays, et ces hommes, maintenus pendant des années dans une atmosphère de révolte et de criminelles suggestions, une fois excités, devaient allumer l'incendie révolutionnaire.

Les événements furent arrêtés d'avance, et la mort de Louis XVI fut décidée à Paris dans l'assemblée maçonnique du 15 février 1785, et à Francfort en 1786 [1].

La Touraine ne fut pas étrangère à cette préparation du cataclysme. A Loches, dès 1785, on annonçait la destruction prochaine du donjon et de tout ce qu'il renfermait, et, en 1792, un de ceux qui avaient été députés de la noblesse de Touraine aux États-Généraux écrivait : « Dix-huit mois avant la fameuse époque de 1789, j'ai été à Paris le fondateur d'un club qui, répandant ses opinions dans toute la France, a été, j'ose le dire, un des moteurs de la Révolution [2]. »

Voilà sous quels auspices eut lieu la convocation des États-Généraux, dans lesquels le roi et le peuple mettaient leur espérance, mais dont la franc-maçonnerie allait se servir pour renverser l'autorité à son profit.

II. — Convocation des États-Généraux.

La joie fut grande en Touraine lorsqu'on apprit que Louis XVI voulait « connaître les souhaits et doléances de ses peuples, de manière que, par une mutuelle confiance et par un amour réciproque entre le monarque et ses sujets, il fût apporté le plus promptement possible un remède efficace aux maux de l'État, et que les abus de tout genre fussent

---

[1] Le P. Deschamps, *les Sociétés secrètes*, 2ᵉ volume, p. 134.
[2] Bibliothèque de Tours, manuscrit n° 581.

réformés et prévenus par de bons et utiles moyens qui assurassent la félicité publique... »

Mais les sociétés secrètes avaient pris leurs mesures. En juillet 1788, le comité central de Paris adressa la circulaire suivante aux vénérables des loges de France :

« Nous exigeons de vous le serment d'exécuter ponctuellement les ordres qui vous arriveront, sans vous mettre en peine de savoir de quelle main ils partent ni comment ils vous arrivent. Si vous refusez ce serment, ou si vous y manquez, vous serez regardé comme ayant violé celui que vous avez fait à votre entrée dans l'ordre des frères. Or souvenez-vous du poison ou des poignards qui attendent les traîtres[1]. » Et ces ordres leur enjoignirent d'agiter le peuple et d'employer tous les moyens pour faire tourner les élections à l'avantage de la secte.

Il semble que les hommes de loi furent chargés de ce soin. « En Touraine, écrit l'intendant, le 25 mars 1789, l'avis de la plupart des votants a été commandé ou mendié. Les affidés mettaient, au moment du scrutin, des billets tout écrits dans la main des votants, et leur avaient fait trouver, à leur arrivée aux auberges, tous les écrits et avis propres à exalter leurs têtes et à déterminer leur choix pour des gens du palais[2]. »

Des meneurs se servirent de la disette provenant

---

[1] Le P. Deschamps, *les Sociétés secrètes*, 2ᵉ volume, p. 141.
[2] Cité par Taine, *les Origines de la France contemporaine*, 1ᵉʳ volume, p. 519.

des mauvaises récoltes de 1788 et échauffèrent les esprits à tel point, que l'intendant de Touraine s'exprima ainsi dans sa lettre au ministre, du 15 avril 1789 : « Il est de la plus grande importance d'arrêter ces mouvements, surtout dans ce moment où l'on vient plus que jamais d'exalter toutes les têtes, et où on a vu les personnages les plus comblés de faveur et de dignités se faire dans les provinces les missionnaires d'insubordination la plus absolue, système qu'il est si aisé de propager parmi des gens affamés et qui n'ont rien à perdre[1]. » Au lieu de faire respecter l'ordre, les magistratures locales se montraient favorables au mouvement révolutionnaire.

Pour les travaux du tiers état, toutes les bourgades contribuèrent à la rédaction des cahiers dans les bailliages, et le moindre hameau put faire connaître ses vœux et ses doléances. Les bailliages nommèrent des députés à l'assemblée provinciale.

Cette assemblée se tint à Tours le 16 mars 1789. Les députés du clergé, au nombre de plus de trois cents, se réunirent à l'archevêché; ceux de la noblesse, au nombre de deux cent soixante, à l'hôtel de ville, et les deux cent trente députés du tiers état, au Palais-Royal, rue de Choiseul.

Chaque ordre rédigea les cachiers qui devaient être portés aux États-Généraux.

Le clergé consentait à abandonner ses priviléges

---

[1] Cité par H. Faye, *l'Anarchie spontanée.*

et à supporter, dans la plus juste et la plus égale proportion de ses possessions, toutes les charges et impositions publiques.

La noblesse déclara qu'elle ne voulait plus jouir à l'avenir des privilèges pécuniaires que l'usage lui avait conservés. Elle fit, par acclamation, le vœu solennel de supporter dans une parfaite égalité les impôts et contributions générales qui seraient consenties par la nation, ne prétendant se réserver que les droits sacrés de la propriété.

Le tiers état réclamait contre la dîme, l'inégalité des impôts, la vénalité des offices et le mauvais exercice de la justice. En général, il se montrait attaché à la monarchie et rempli d'affection pour Louis XVI, et cependant on apercevait dans ses cahiers le résultat des intrigues des hommes de loi franc-maçons ; et c'est ainsi que les pâtissiers de Tours demandaient la suppression du traitement de l'archevêque, et que d'autres voulaient le mariage des prêtres.

Les députés désignés pour se rendre à Versailles aux États-Généraux furent les suivants :

CLERGÉ

1. Guespin (Jean-François), curé de Saint-Pierre-des-Corps ;

2. Cartier (Jean), curé de la Ville-aux-Dames ;

3. Estin (François-Xavier), bénédictin, religieux de Marmoutier ;

4. Conzié (Joachim-Mamert-François de), archevêque de Tours.

Suppléants

1. Lombard de Bouvens (Louis-Charles-Marie de),
vicaire général à Tours ;

2. Bridat de la Barrière, curé de Montlouis.

NOBLESSE

1. Harambure (Louis-François-Alexandre , baron d'), maréchal des camps et armées du roi ;

2. Albert de Luynes, duc de Luynes, pair de
France ;

3. Savary, marquis de Lancosme (Louis-Alphonse);

4. Menou (Jacques-François, baron de), colonel
d'infanterie.

Suppléants

1. Amboise (Henri-Michel d') ;
2. Fontenay (Henri de).

TIERS ÉTAT

1. Gauthier (Urbain-Adrien-Louis-François), avocat du roi ;

2. Vallet (Joseph-Simon), négociant à Tours ;

3. Nioche (Pierre-Claude), avocat au Parlement,
lieutenant particulier de la maîtrise des eaux et forêts
de Loches ;

4. Moreau (Étienne-Vincent), avocat à Tours ;

5. Bouchet (Jacques-Pierre), avocat, procureur du roi de la maréchaussée de Chinon ;

6. Lépine-Beaulieu (Paul-Louis-François), de Joué ;

7. Payen de Boisneuf (Jean), de Pernay, ancien commandant des milices du quartier de Montlouis, à Saint-Domingue ;

8. Chesnon de Baigneux (Pierre-Bertand), lieutenant criminel à Chinon.

Suppléants

1. Reverdy, le jeune (Alexandre-Marie), président au grenier à sel de Tours ;

2. Pillault de la Sabardière (François-Urbain), de Saint-Germain-sur-Indre ;

3. Poitevin (Pierre-Lambert), de Cinq-Mars ;

4. Godefroy (Antoine), maître de forges à Château-la-Vallière.

Le peuple espérait avec le roi que les États-Généraux apporteraient un remède aux malheurs publics. Deux réformes principales étaient à faire : abolir les privilèges et imposer un contrôle efficace et régulier au gouvernement absolu dans la perception des impôts. Telle était la double réforme à laquelle les privilégiés comme le roi se prêtaient sans résistance. Par là tous les besoins réels étaient satisfaits [1].

Or le roi, dans sa célèbre déclaration du 23 juin,

----
[1] Taine.

trop peu connue, accorda ces deux réformes, que réclamaient les cahiers de la noblesse et du clergé comme ceux du tiers état. Il y ajoutait l'abolition des lettres de cachet, la liberté de la presse conciliée toutefois avec le respect dû à la religion, aux mœurs et à l'honneur des citoyens, l'établissement d'états provinciaux; il reculait les douanes jusqu'aux frontières du pays, etc... Les réformes désirées étaient donc faites, et la France avait ce que depuis elle n'a eu *qu'en mince partie et si imparfaitement*, au prix de la ruine des meilleures institutions, de dix années de tyrannie épouvantable et de cent ans de bouleversements politiques.

Mais la majorité des députés ne le voulait pas ainsi. Soudoyée par les clubs et le parti du duc d'Orléans, grand maître de la franc-maçonnerie, elle ne tendait qu'à dominer le gouvernement. Sous le prétexte que la vérification des pouvoirs devait se faire en commun, le tiers état passa des semaines entières en discussions oisives, prit audacieusement, le 16 juin, le nom d'Assemblée nationale, et jura, le 20 du même mois, de ne se séparer qu'après avoir donné une constitution à la France. Les ordonnances royales du 23 juin enlevant aux agitateurs un prétexte de faire une révolution, la majorité des députés repoussa les réformes sages, et obligea le roi à céder devant une prétendue Assemblée nationale.

La Révolution commençait. Dès lors il ne fut plus question des cahiers qui constituaient pour les députés un mandat impératif, et où étaient renfermés les vœux du peuple français. L'Assemblée nationale, sous la direction de la franc-maçonnerie, allait gouverner le roi et la France, détruire au lieu de réformer, et accomplir son œuvre, dans les assemblées par les décrets, et dans les rues par la fureur d'une multitude excitée par les clubs.

III. — Renversement des autorités constituées. — Anarchie.

La prise de la Bastille fut pour la province le signal de nombreux soulèvements. A Tours, des émeutiers parcoururent la ville, se portèrent à des actes de violence sur le prieur des bénédictins, le prévôt général, et massacrèrent deux honorables citoyens, M. Girard et M. Ferré, ce dernier soupçonné d'être l'agent des accapareurs de grains. La municipalité céda devant la populace, et le régiment d'Anjou, en garnison à Tours, dut arborer la cocarde tricolore.

Un des principaux instruments de la Révolution en France fut la garde nationale, et il est intéressant de savoir comment elle fut instituée en Touraine [1].

Le 24 juillet au soir, le bruit se répandit à Tours que des brigands, pillant, brûlant tout, menaçaient la ville. Aussitôt les citoyens s'emparèrent de piques

---

[1] Nous empruntons une partie des détails suivants à l'intéressante brochure de M. H. Faye, *l'Anarchie spontanée*.

et de fusils et battirent la campagne à la recherche des brigands, qu'ils ne trouvèrent nulle part.

Sur ces entrefaites, les marchés ayant été mal approvisionnés de grains par suite du manque de confiance, ces gens armés partirent de Tours et allèrent perquisitionner à Joué, à Ballan, à Villandry et jusqu'à Azay.

En même temps à Richelieu, à Chinon, tous les citoyens prenaient les armes, formaient des compagnies et envoyaient des détachements enlever les blés des environs. A leur tour, les communes s'armaient pour défendre leurs subsistances. A la fin du mois toute la province se trouvait sous les armes.

Devant les masses affolées, excitées jusqu'à la fureur, les autorités de Tours se troublèrent, et formèrent un comité de quatre-vingt-quatre membres qui s'empara bientôt de tout le gouvernement de la ville.

Le premier soin du comité tout-puissant fut d'abolir l'ancienne milice et d'établir une garde citoyenne, afin de donner une organisation aux citoyens armés. La milice se recrutait parmi les riches, équipés à leurs frais; la garde citoyenne, prétendant être plus égalitaire, admit tous les citoyens de dix-huit à soixante ans, et fit habiller les pauvres aux frais des riches. Il y entra des hommes de loi, des politiciens, des boutiquiers, ne connaissant rien à l'art militaire. Les chefs furent nommés par vote, ce qui permit d'écarter les nobles et les anciens officiers. Trois mille hommes furent ainsi organisés.

Quant au service, il était des plus vexatoires, surtout pour les négociants que les affaires retenaient chez eux. Tous les jours il devait y avoir un poste à la mairie et à chaque porte de la ville; la nuit, un détachement devait veiller comme si les ennemis eussent été sous les remparts; puis on était constamment dérangé par les inspections journalières, les revues, les fêtes, les perquisitions et les émeutes.

Les troupes régulières ne devaient agir qu'avec la garde nationale, qui, pactisant souvent avec les émeutiers, entravait l'action de l'armée.

Cette organisation fut pour la ville une source de calamités. Et encore les meneurs avinés qui respectaient si peu les lois étaient-ils sans pitié pour les moindres manquements à la discipline.

Le comité des quatre-vingt-quatre favorisait cet état de choses; la plupart de ses membres étaient d'ailleurs révolutionnaires. Ses séances publiques formaient une « véritable cohue délibérante »; une foule bruyante envahissait les galeries, interpellait les orateurs et prenait souvent part aux délibérations. Le gouvernement de la ville se trouvait ainsi entre les mains de la multitude.

En face de cette anarchie naissante, les caisses publiques restèrent vides, les contribuables ne payèrent plus l'impôt. La fraude se glissa partout, les contrebandiers s'installèrent sur les quais, et, ce qui est pis, la garde nationale les défendit contre les « gabelous » et laissa vendre publiquement le tabac de contrebande.

Les subsistances devenaient de plus en plus rares malgré les bonnes récoltes. Le 15 septembre, il n'y eut que cinq setiers de blé sur le marché de Tours. On fit aussitôt des perquisitions chez les meuniers et les boulangers, et on en vint à des voies de fait contre de prétendus accapareurs. On donna des primes aux meilleurs approvisionneurs, mais l'embarras des finances fit bientôt supprimer cette mesure. On établit une taxe sur le pain, et on força les boulangers à en avoir en réserve une certaine quantité de chaque espèce[1]. Rien n'y fit, et l'intendant, M. d'Aine, écrivait alors au ministre : « La Providence a éloigné les horreurs de la famine par l'abondance de la moisson, et cependant nous sommes menacés de retomber dans les embarras de la disette. Les habitants des campagnes, secondés par leurs milices, ne veulent pas laisser sortir le superflu de leurs grains pour approvisionner les villes ; ceux qui auront des besoins devront recourir à la force pour se procurer des subsistances ; et, comme toute ville bourgeoise et presque tout village a aujourd'hui une milice, la guerre de paroisse à paroisse est à redouter. »

Devant ce désordre, le comité porta le nombre de ses membres de quatre-vingt-quatre à deux cents. Cette mesure ne servit qu'à rendre la cohue plus

[1] Biblioth. de Tours, fonds Taschereau, n° 553.

grande. La foule, soutenue par la garde nationale, exerçait alors une telle pression sur les délibérations, que les membres modérés du comité, ayant demandé à ne laisser entrer dans la salle que les chefs de famille, furent accablés d'outrages et de menaces et virent leur proposition repoussée. La rue était maîtresse, et un citoyen écrivit à l'Assemblée nationale : « Nous vivons sans municipalité, sans tribunaux, sans défenseurs, sans administration fiscale. »

Cet état de choses amenant le manque de confiance dans les affaires, les manufactures de soie fonctionnèrent de moins en moins, et la mendicité augmenta. Le clergé, qu'on allait bientôt traquer comme l'ennemi du peuple, vint au secours des pauvres. Il ouvrit une souscription, et plusieurs ecclésiastiques donnèrent jusqu'à trois cents livres comptant. Les officiers du régiment d'Anjou, qui passaient pour des aristocrates, déposèrent six cents livres dans la caisse de bienfaisance [1].

L'intendant, M. d'Aine, sentant son impuissance, s'était désintéressé peu à peu des devoirs de sa charge. La commission provinciale, également impuissante, écrivit au ministre : « La répression est impossible. D'ailleurs, le pouvoir municipal de toutes les communes se trouve maîtrisé par des comités où le peuple a la plus grande prépondérance, au point que, témoin des délibérations, il les a toujours forcées. »

---

[1] *Moniteur universel* du 25 décembre 1789.

Un décret de l'Assemblée nationale ayant ordonné le renouvellement des municipalités, le fameux comité se sépara le 21 janvier 1790, et les élections s'ouvrirent le 24. La ville, dégoûtée du tumulte, nomma des hommes d'ordre parmi les notaires, les avocats, les négociants et les bourgeois notables. Cependant au nombre des élus fut Coulon de la Morandière, un des meneurs du parti avancé, qui avait odieusement calomnié plusieurs honorables citoyens, mais qui avait eu l'audace de faire passer sa conduite pour du zèle à servir la cause de la liberté[1].

Les ambitieux déçus le 24 janvier fondèrent, en mars 1790, la « Société patriotique » destinée à faire pénétrer les idées révolutionnaires dans la province, qui, d'après eux, en avait grand besoin[2]. Cette société s'installa dans l'ancien couvent des Minimes. Elle invita les conseillers municipaux à assister à ses séances. Secrètement soutenue par l'Assemblée nationale, elle inonda la province de brochures, entendit donner des conseils sur tout, s'arrogea le droit de tout régenter, provoqua des manifestations soi-disant patriotiques ou libérales, et s'empressa de faire porter tous ses actes à la connaissance du public.

---

[1] Vers la même époque, des élections eurent lieu à Chinon, où elles occasionnèrent des troubles. On peut s'imaginer le scandale produit quand on pense que ces élections se faisaient dans les églises.

[2] *Moniteur universel* du 2 avril 1790.

Bientôt elle ne fut pas seule à révolutionner. Le club des « Amis de la Constitution » de Paris, qui se nomma plus tard le club des Jacobins, appuyé par les loges maçonniques, fondait dans toute la France des sociétés semblables à elle et prêtes à recevoir le mot d'ordre de la capitale. La société des Amis de la Constitution fut fondée à Tours, le 22 mai 1790, par des hommes de loi et quelques bourgeois.

« Elle avait, dit un de ses fondateurs[1], une existence permanente pour surveiller les corps administratifs et les tribunaux, pour faire des dénonciations aux accusateurs publics, pour veiller sur la conduite des aristocrates, pour instruire les législateurs de l'opinion publique, pour les diriger dans leur marche. »

Elle rivalisa de zèle avec la Société patriotique. Comme son aînée, elle répandit des brochures, et elle députa auprès des autorités constituées. Mais surtout elle dénonça, sa mission paraissant être de surveiller le mouvement révolutionnaire.

Plusieurs sociétés des Amis de la Constitution affiliées aux Jacobins de Paris furent fondées dans d'autres villes de Touraine. Celle de Loches s'installa le 14 juillet. Elle tint ses séances au château, le mercredi et le samedi de chaque semaine, à cinq heures du soir. Tous les dimanches, un de ses orateurs montait à la tribune, lisait les lois révolutionnaires faites par l'Assemblée nationale, les commen-

---

[1] Ysabeau. Biblioth. de Tours, fonds Taschereau, n° 642.

tait, les expliquait et essayait de les faire aimer par le peuple[1].

La société de Chinon fut organisée le 15 août de la même année. Amboise eut la sienne sept ou huit mois plus tard.

Les Jacobins s'installèrent partout. Disons, en anticipant sur les événements, qu'au commencement de l'année 1794 ils avaient des clubs, affiliés à celui de Paris, à Preuilly, à Cormery, à Joué, à Azay-sur-Cher, à Saint-Avertin, à Luynes, à Sorigny, à Vouvray, à Montbazon, à Rochecorbon, à Saint-Christophe, à Montlouis, à Véretz, à Fondettes, à Châteaurenault, à Bléré, à Langeais, à Bourgueil, à Saint-Patrice, à Savigné, à Château-la-Vallière, à Saint-Gilles, à l'Ile-Bouchard, à Richelieu, à Champigny-sur-Veude et à Ligueil.

Ces sociétés furent bientôt plus puissantes que les autorités constituées; à Tours surtout, où le désordre des derniers mois de 1789 ne tarda pas à reparaître.

Les autorités, du reste, comprenaient leur impuissance devant des troubles qui régnaient partout, dans l'armée comme dans le peuple, et qui naissaient souvent d'un fol enthousiasme. Le 23 mai 1790, cinquante-deux détachements des gardes nationales des provinces voisines s'étaient assemblés à Tours. Vers quatre heures du soir, « par un élan irrésistible de gaieté folle, les officiers, bas-officiers et sol-

<hr>

1 Biblioth. de Tours, fonds Taschereau, n° 642.

dats, pêle-mêle, se mettent à courir dans les rues, les uns le sabre à la main, les autres formant des danses, criant : Vive le roi! vive la nation! jetant leurs chapeaux en l'air et forçant à danser toutes les personnes qu'ils rencontrent sur leur chemin. Un chanoine de la cathédrale qui passait tranquillement est affublé d'un bonnet de grenadier, et entraîné dans la ronde avec deux religieux; on les embrasse beaucoup, puis on les laisse aller. Arrivent les voitures du maire et de la marquise de Montausier ; on monte dedans, derrière, sur les sièges du haut, tant qu'ils peuvent contenir, et l'on force les cochers à parader ainsi dans les principales rues. Ce n'est point malice, mais gaminerie, accès de verve. Personne ne fut maltraité ni insulté, quoique tout le monde fût ivre. Pourtant, symptôme fâcheux, le lendemain, les soldats du régiment d'Anjou sortent de leurs casernes et passent toute la nuit dehors sans qu'on puisse les en empêcher[1]. »

Le 14 juillet, à la fête de la Fédération, les gardes nationaux eux-mêmes s'ameutèrent à Tours et arrachèrent la plaque de marbre de l'intendant d'Aine qui ornait la place Choiseul.

A Loches, le même jour et à une fête semblable, quelques jeunes gens allèrent au Pressoir, au-dessus de Beaulieu, entrèrent comme des furieux chez M. Ventelon, ancien médecin, qui n'était pas allé à la fête, s'emparèrent de lui et le conduisirent dans la

---

[1] Correspondance de M. de Bercheny, citée par Taine.

prairie de la Maladrerie, où il fut hué par la multitude, qui voulait le jeter au milieu des flammes du feu de joie que l'on venait d'allumer. M. l'abbé Laveau, curé de Beaulieu, homme grave et humain, s'opposa avec énergie à cet attentat, démontrant aux furieux l'odieux de l'action qu'ils voulaient commettre, et s'engagea à défendre la vie de M. Ventelon au péril de la sienne. Les esprits se calmèrent peu à peu; mais M. Ventelon fut conduit en prison. M. Laveau l'en fit sortir quelque temps après[1].

Les conseils municipaux devaient être renouvelés par moitié vers la fin de l'année 1790. Les sociétés populaires saisirent cette occasion de porter un dernier coup aux autorités. A Tours, le citoyen Bruley[2], membre de la Société patriotique, fut nommé maire; quelques-uns de ses collègues et plusieurs membres de la société des Amis de la Constitution ou Jacobins furent élus avec lui au conseil municipal[3]. A Chinon, les conseillers élus étaient tous membres de la société des Amis de la Constitution. Cette société était tout aussi turbulente que celle de Tours. Gênée par M. Pichereau, maire de Chinon, elle réussit à force d'intrigues à se débar-

---

[1] *Histoire de la ville de Loches,* par M. l'abbé Hat.

[2] Les Tourangeaux se souciaient si peu des élections, que Bruley, le plus favorisé, n'obtint que 171 voix sur plus de 3,000 électeurs.

[3] Les deux sociétés de Tours fusionnèrent au mois de décembre, et cinq mois plus tard le nombre de leurs membres s'étaient élevés à 600. (*Moniteur universel* du 28 mai 1791.)

rasser de lui en le faisant nommer juge de paix, le 31 janvier 1791.

Les Amis de la Constitution de Loches s'agitaient également. Ils se flattaient de répandre des libelles contre la religion et d'exciter les habitants des campagnes contre les prêtres.

Voilà comment les Jacobins s'étaient placés à la tête des Tourangeaux. Encore quelque temps, et nous verrons ce qu'ils ont fait du jardin de la France.

IV. — Fuite du roi. — Assemblée législative. — Approche de la Terreur.

On connaît la fuite malheureuse et l'arrestation du roi. Cette fuite fut présentée en Touraine sous les couleurs les plus odieuses ; on en abusa pour exciter le peuple contre Louis XVI. On disait que le monarque n'avait pas fui tout seul ; qu'il avait été enlevé par les nobles et les prêtres, et qu'un complot, déjoué par le retour du roi, ne manquerait pas d'être continué pour ruiner les libertés si péniblement conquises. On prit des mesures capables d'alarmer la population, et comme si la province était menacée. Le conseil du département fit doubler les portes de la ville de Tours et prêter serment à l'armée; les autorités révolutionnaires ordonnèrent de faire arrêter les moines, les prêtres, les voyageurs non munis d'un passeport et toutes les personnes regardées comme suspectes. Les gardes nationaux eux-mêmes dévastèrent les châteaux et commirent des vexations de toute sorte contre les voyageurs.

Une des premières victimes de ces mesures fut le marquis de Suffren de Saint-Tropez, commandant en garnison à Tours et frère du célèbre bailli de Suffren. Ayant appris le danger que courait Louis XVI, il résolut d'aller lui offrir ses services, et, afin de n'être pas inquiété pendant son voyage, il se déguisa en ouvrier. Il n'eut pas même le temps de sortir de la ville; on l'arrêta aux portes parce qu'il ne portait pas de cocarde; il fut reconnu et accusé de faire partie du grand complot qui n'existait que dans l'imagination des Jacobins. L'interrogatoire qu'il subit, les perquisitions dont il fut l'objet ne révélèrent rien, et on le remit en liberté; mais l'administration, empiétant sans aucun droit sur l'autorité militaire, lui enjoignit de quitter la ville.

Les causes des désordres étaient d'ailleurs nombreuses et partaient souvent de très haut. « Vous voulez connaître les auteurs des troubles? écrit alors un homme de sens au Comité des recherches; vous les trouverez parmi les députés du tiers, et particulièrement parmi ceux qui sont procureurs et avocats. Ils écrivent à leurs commettants des lettres incendiaires; ces lettres sont reçues par les municipalités, lesquelles sont aussi composées de procureurs et d'avocats... On les lit tout haut sur la place principale, et des copies en sont envoyées dans tous les villages. Dans ces villages, si quelqu'un sait lire outre le curé et le seigneur, c'est un praticien, ennemi-né du seigneur, dont il veut prendre la place, fier de sa faconde, aigri par sa pauvreté, et qui ne manque pas de tout noircir [1]. »

L'Assemblée constituante se sépara le 30 septembre 1791. Voici un passage du jugement porté sur cette assemblée par Savary de Lancosme, député de la noblesse de Touraine :

« ... Il est très certain que tous les membres de l'assemblée pris individuellement, à quelques exceptions près, conviennent : 1° que nous avons été beaucoup trop loin ; 2° que, nous étant laissé emporter, quels qu'en soient les motifs, au delà du but fixé par la raison et la justice, l'assemblée avait mis des erreurs en principes ; 3° que les nouvelles lois, la plupart imparfaites, insuffisantes et remplies de défauts, sont impraticables ; 4° que la nouvelle forme de gouvernement n'est ni une véritable monarchie, ni une véritable république ; 5° que toutes les parties de cette forme de gouvernement étant incohérentes, et s'entre-choquant sans cesse par la faiblesse où est réduit le pouvoir du monarque, seul fait pour les contenir et faire exécuter les lois, seront la cause des désordres et des convulsions désolantes dont la France sera accablée ; 6° que l'instruction publique, que l'enseignement de la morale étant anéantis en grande partie, le peuple perd de vue tous les jours le frein religieux

[1] Cité par Taine, *la Révolution*, tome I, p. 94 et 95.

et salutaire qui le retient dans ses passions, en le faisant sans cesse ressouvenir de ses devoirs ; 7° que, loin d'avoir établi dans les finances l'économie nécessaire pour opérer l'allégement du poids accablant pour le peuple des divers impôts, elles annoncent une décadence aussi désastreuse que prochaine ; 8° que la justice n'est rendue dans aucun département, ou ne l'est qu'imparfaitement ou arbitrairement, par les défauts reconnus dans le nouvel ordre judiciaire ; 9° que le militaire est dans l'insubordination la plus irrémédiable et la plus dangereuse ; 10° que la force publique est entièrement nulle ; 11° etc. etc... Tout ce que nous reconnaissons être défectueux est trop étendu pour l'énoncer en ce moment[1]. »

Savary de Lancosme demandait que les députés de l'Assemblée constituante pussent être réélus à la législative. Sa voix ne fut pas écoutée, et les nouveaux députés d'Indre-et-Loire furent :

1. Bruley (Prudent-Jean), maire de Tours ;

2. Cartier-Douineau (Joseph-Pierre-Sylvain), négociant à Tours ;

3. Baignoux (Pierre-Philippe), homme de loi ;

4. Adam (Jean-Louis-Urbain), procureur-syndic à Chinon ;

5. Belle (Jean-Baptiste-Julien), notaire ;

6. Martin (Pierre), avocat ;

7. Hardouin (Pierre) ;

8. Jahan (Jean-Baptiste), juge à Chinon.

[1] Biblioth. de Tours, fonds Taschereau, n° 586.

Rien de bien saillant en Touraine pendant toute l'année que dura la mission de ces députés, si ce n'est vers la fin de leur législature, où l'on sentait déjà l'approche de la Terreur.

En juillet 1792, le club de Tours chercha à diviser le conseil général du département, celui du district et la garde nationale, en placardant contre eux les édits les plus séditieux, au point d'amener chez les honnêtes gens la crainte de la guerre civile. Obéissant à un mot d'ordre venu de Paris, il réclamait la perte du roi et le républicanisme [1].

Ces intrigues, unies à celle des autres provinces, portèrent leur fruit. Le 11 août, le conseil du département recevait l'avis de la déchéance du roi et l'ordre d'inviter le peuple à former une convention.

Avant de se séparer, l'Assemblée législative fit ou laissa faire les massacres de septembre, atrocité sans nom, où l'on égorgea entre autres quarante-trois enfants d'ouvriers. La Touraine fut représentée au milieu des victimes par M. l'abbé Loncuet, chanoine de Saint-Martin à Tours [2], et M. de Maussabré, officier de la garde de Louis XVI. Ce dernier avait essayé de s'enfuir par une cheminée. Le plâtras qu'il fit tomber le trahit, et on lui tira, mais sans succès, quelques coups de fusil. Un geôlier eut eut alors une affreuse idée : il défonça une paillasse

[1] Jérôme Sénard; biblioth. de Tours, fonds Taschereau, n° 590.
[2] Mgr Jager, *Histoire de l'Église catholique de France.*

et alluma du feu dans la cheminée ; l'essai réussit, et M. de Maussabré, étouffé par la fumée, vint tomber aux pieds de ses bourreaux, qui le massacrèrent[1].

La Révolution triomphait sur toute la ligne ; elle avait abusé de la liberté pour s'emparer du pouvoir ; au chapitre II nous verrons comment elle employa la plus odieuse tyrannie pour s'y maintenir.

V. — La Révolution veut asservir le clergé.

S'il est des preuves contre la Révolution, la persécution religieuse est une des plus convaincantes, et elle contredit victorieusement tous ceux qui veulent prêter de bonnes intentions au mouvement révolutionnaire.

En effet, au début, tant dans les assemblées provinciales qu'aux États-Généraux, le clergé s'était montré des mieux disposés à travailler au bien général, à abandonner ses privilèges, et l'on connaît le généreux élan qui le distingua dans la fameuse nuit du 4 août. Sa bonne volonté eût beaucoup aidé à faire de sages réformes si les États-Généraux n'avaient voulu que réformer ; mais telle n'était pas leur préoccupation ; ils se souciaient donc peu du concours des ministres d'une religion qui seule cependant possédait le secret de la véritable fraternité.

[1] Carré de Busserole, *Souvenirs de la Révolution.*

« Il faut décatholiciser la France, » avait dit Mirabeau[1]. Tel était le but de l'Assemblée nationale sous la direction des loges maçonniques.

Le premier pas vers la désorganisation fut fait au mois de novembre 1789, par la spoliation des biens de l'Église de France et leur mise à la disposition de l'État. Comme la vente de ces biens ne pouvait se faire en bloc, les municipalités furent chargées de l'opérer en détail. L'ancienne église Saint-Denis de Tours fut vendu neuf mille cent livres ; le prieuré de Saint-Éloi fut vendu treize mille trois cent livres ; la métairie de Saint-Cosme, trente-neuf mille livres ; la chapelle, la maison et le jardin de Sainte-Anne, dix mille livres. La commune de Tours acheta six mille cent vingt-sept livres douze sols cinq deniers les bâtiments et l'église Saint-Clément pour y établir une halle au blé[2].

« Mais on ne ruine pas une religion qu'on dépouille, et la pauvreté dans le christianisme est une grande puissance[3]. » L'Assemblée frappa plus sûrement lorsqu'elle supprima, le 13 février 1790, les vœux monastiques et les ordres religieux, et qu'elle décréta, le 12 juillet suivant, la constitution civile du clergé. Cette constitution prescrivait l'élection des évêques et des curés par le peuple ; elle interdisait

---

[1] Poujoulat, *Histoire de la Révolution*, 1er volume, p. 220.

[2] Biblioth. de Tours, fonds Taschereau, n° 564 bis. — Plus tard, la maison de Grammont et ses dépendances furent vendues, comme biens d'émigrés, pour la somme de 321,000 livres.

[3] Poujoulat.

à l'évêque élu de s'adresser au pape pour en obtenir aucune confirmation. Les évêques et les curés étaient tenus de prêter serment à la constitution. C'était créer un schisme d'où allaient sortir tant de malheurs dans un pays catholique ; c'était rompre avec le chef visible de l'Église, d'où découlent tous les pouvoirs spirituels, toutes les institutions canoniques, et les ecclésiastiques allaient tenir désormais le pouvoir de faire le bien, souvent d'une minorité d'électeurs inconsciemment dirigée par des meneurs avinés et sans principes.

En Touraine, quarante-quatre prêtres et religieux seulement acceptèrent la constitution ; à Tours, neuf prêtres sur onze la repoussèrent ; et la population montra, par sa conduite, qu'elle était opposée au schisme.

Cette attitude irrita les sociétés des Amis de la Constitution, qui cherchèrent à faire entrer dans le peuple la haine des ministres de la religion, et commencèrent les persécutions contre tous ceux qu'on appelait alors les prêtres réfractaires.

Le 14 mars 1791, les électeurs nommèrent l'évêque constitutionnel d'Indre-et-Loire. Le sort tomba sur l'abbé Suzor, curé d'Écueillé. Il eut pour concurrent le prêtre oratorien Ysabeau, déjà fougueux révolutionnaire, et qui défroqua complètement en novembre 1793.

D'Aix-la-Chapelle, Mgr de Conzié [1], archevêque de

<hr>

[1] C'est à Mgr de Conzié que la ville de Tours doit la création du premier jardin botanique. (Bellanger.)

Tours, protesta contre cette élection et fit publier dans le département un mandement accompagné d'un bref du pape Pie VI contre les assermentés. La plupart des curés repoussèrent l'autorité de l'abbé Suzor, qui avait usurpé un siège épiscopal encore occupé par son légitime possesseur. Le mandement fut recherché et brûlé publiquement, le 2 juillet, par Sanson, exécuteur des jugements criminels.

Rien ne put faire fléchir le courage du clergé fidèle, ni les essais de justification de l'évêque schismatique, cherchant, avec l'appui du conseil général d'Indre-et-Loire, à détruire l'influence de Mgr de Conzié ni les injures des partisans du schisme, qui, mettant ainsi la mauvaise cause de leur côté, répandaient les plus grossières insultes sur la religion et les saints[1].

Les populations s'irritèrent de la suppression de certaines fêtes et processions.

Les révolutionnaires saisissaient pourtant toutes les occasions de discréditer les prêtres insermentés. Une émeute avait éclaté à Châteaurenault. La société des Amis de la Constitution demanda au directoire du département de faire emprisonner les prêtres réfractaires, qui, d'après elle, devaient être les auteurs des troubles. Le directoire promit seulement une enquête, certain qu'il était que l'accusation devait être fausse. Cette sage précaution exaspéra le club, qui traita le directoire de « despote, d'aristo-

---

[1] Biblioth. de Tours, fonds Taschereau, nᵒˢ 222, 223 et 224 bis.

crate, de canaille, » voulut sévir lui-même contre les prétendus coupables, « sans attendre les ordres d'une autorité qui voulait faire revivre les abus, les privilèges de l'ancien régime [1]. » Cette fois la justice eut le dessus, mais cette scène nous donne une idée des passions malsaines qui présideront bientôt à tous les crimes.

Dans le cours de l'année 1791, les paroisses furent diminuées. Les sept que possédait Chinon furent réduites à deux : Saint-Maurice et Saint-Mexme. A Tours, les églises attenant aux monastères furent fermées, et on ne conserva comme églises paroissiales que Saint-Gatien, Saint-Martin, Notre-Dame la Riche et Saint-Symphorien; les autres églises servirent à des emplois profanes. L'église des Récollets servit de dépôt de mendicité ; l'église Saint-Hilaire, de club, puis de fabrique de carton ; l'église des Carmes, de magasin à fourrage ; celle des Ursulines, de magasin de subsistances; l'église Saint-Julien, de caserne et d'écurie. Les tribunaux révolutionnaires s'installèrent dans l'église Saint-François, et l'église Saint-Saturnin (rue du Commerce), mise à l'encan en mai 1798, devint une maison particulière [2].

L'église des Cordeliers seule fut donné aux prêtres non assermentés pour l'exercice du culte; encore ces prêtres devaient-ils, chaque fois qu'ils voulaient s'en servir, prévenir la municipalité deux jours à

[1] Biblioth. de Tours, fonds Taschereau, n° 642.
[2] Docteur Giraudet, *Histoire de Tours*.

l'avance. Cette faveur blessante dura à peine quinze jours. Le 7 novembre, des émeutiers, soudoyés par le club, prirent l'église d'assaut, la dévastèrent, démontèrent la charpente, firent sortir les religieuses qui y étaient occupées et les fouettèrent publiquement. La garde nationale accourut lorsque tout était dévasté, et n'eut pas de peine à disperser l'émeute satisfaite, dont les meneurs ne furent ni punis ni même recherchés. L'église fut changée en salle de spectacle.

Au début de l'année 1792 commença la destruction des marques extérieures de la religion. On descendit la plupart des cloches pour en faire des canons ; les confessionnaux furent changés en guérites ; les plus riches ornements sacerdotaux furent envoyés aux théâtres, et les plumes du dais de Saint-Martin servirent de panache au tambour-major de la garde nationale[1].

La persécution religieuse n'épargnait personne, pas même les religieuses les plus dignes d'intérêt, telles que les religieuses du Refuge, si utiles à la société par leur dévouement à ramener au bien les pénitentes confiées à leurs soins. Après les avoir dépouillées de leurs biens, on espéra jeter le désordre dans leur communauté en les obligeant à procéder par élection à la nomination d'une supérieure et d'une économe. Un officier municipal se rendit au couvent de la Riche le 27 janvier 1791. Il croyait

---

[1] Docteur Giraudet, *Histoire de Tours.*

bénévolement que les braves filles étaient malheureuses, et il avait la sotte prétention de les soustraire par le vote au joug de la tyrannie. Les religieuses, forcées d'obéir à une loi provocatrice et ridicule, réélurent la même supérieure, la sœur Saint-Jean-Baptiste. Cette action irrita le fonctionnaire municipal, et au nom de la liberté il chercha à les intimider; mais elles ne se découragèrent point et réélurent encore la même économe, la mère le Roux.

Pendant toute l'année 1791, elles furent persécutées pour n'avoir pas voulu reconnaître l'abbé Suzor pour leur évêque. On les accusa de cacher des prêtres insermentés et des munitions de guerre, et l'on eut la stupidité de fouiller leur établissement depuis la cave jusqu'au grenier.

L'indemnité qu'on leur donnait pour la confiscation de leurs biens était tellement insignifiante, qu'elle suffisait à peine à subvenir à leurs besoins, et les religieuses souffrirent surtout par les sacrifices qu'elles s'imposèrent pour conserver les pénitentes confiées à leur surveillance.

Le 9 janvier 1792, cependant, un rapport favorable les présenta comme tenant un établissement d'utilité publique, et jusqu'à la Convention elles purent jouir d'une tranquillité relative.

Les puissances étrangères se soulevaient contre la France, et la Révolution, menacée, effrayée, prenait les mesures de sûreté les plus extravagantes. Le 25 juillet 1792, le conseil du district de Loches

ordonne à tous les ecclésiastiques de se constituer prisonniers dans la ville et le château, sous prétexte
qu'ils fomentent des troubles et entretiennent des
relations avec les ennemis de la patrie.

Le 28 du même mois, le conseil du département
fait enfermer dans le petit séminaire de Tours tous
les prêtres insermentés d'Indre-et-Loire, sous prétexte qu'en ne se soumettant pas aux lois de la Révolution ils pourraient provoquer « la guerre civile
sur le sol de la liberté[1] ». Le conseil ajoutait hypocritement, pour tranquilliser le peuple honnête, qu'on
voulait, par la réclusion, les protéger contre les
voies de fait dont ils auraient pu être l'objet.
Nous verrons bientôt ce que valait cette protection.

[1] Biblioth. de Tours, fonds Taschereau, n° 564.

CHAPITRE II

LA RÉVOLUTION EMPLOIE LA TYRANNIE POUR CONSERVER LE POUVOIR

I. — Tyrannie des pouvoirs révolutionnaires et de leurs agents.

Les élections des députés à la Convention se firent du 4 au 9 septembre sous la plus honteuse pression.

Les députés du département d'Indre-et-Loire furent :

1. Bodin, Pierre-Joseph-François, chirurgien à Limeray et maire de cette commune ;

2. Champigny, Clément ;

3. Dupont, Jacob-Louis, remplacé le 26 septembre 1794 par Champigny, Aubin ;

4. Gardien, Jean-François-Marie, avocat, qui fut guillotiné avec les Girondins ;

5. Nioche, Pierre-Claude, avocat ;

6. Pottier, Charles, avocat à Loches ;

7. Ruelle, Albert, juge au tribunal de Bourgueil ;

8. Ysabeau, Claude-Alexandre, ex-prêtre oratorien[1].

A Tours, les fonctions publiques étaient devenues si périlleuses, qu'il fallut cinq élections successives pour nommer un maire à la fin de 1792. Les quatre premiers élus refusèrent tour à tour d'occuper un poste que d'autres avaient ambitionné trois ans plus tôt. Ce furent les dernières élections jusqu'après la Terreur. La Révolution, après avoir abusé des votes, enlevait au peuple son pouvoir souverain quand elle n'en avait plus besoin, et afin de tyranniser sans craindre la vindicte publique. Désormais des représentants du peuple, envoyés dans les départements avec des *pouvoirs illimités*, destitueront et nommeront selon leur gré aux emplois civils et militaires.

Et la Convention redoutait tellement l'indignation de la France, qu'elle repoussa la proposition de quelques Girondins tendant à obtenir l'appel au peuple dans le jugement de Louis XVI. Au commencement de janvier elle se déclara menacée, et le 10 du même mois le conseil général d'Indre-et-Loire décida d'armer cinq cents hommes prêts à voler à son secours. Cette précaution devint inutile, le roi ayant ordonné à ses fidèles serviteurs de ne rien tenter pour le sauver.

Voici le vote des députés d'Indre-et-Loire dans la condamnation de Louis XVI : Bodin, Champigny

[1] Veau-Delaunay, Pierre-Louis-Athanase, avocat, fut élu après la mort de Louis XVI.

et Gardien votèrent la reclusion de Louis et de sa famille, pour être déportés à la paix; Dupont, Nioche, Pottier, Ruelle et Ysabeau votèrent la mort.

Le régicide avait soulevé l'Europe contre la France. Le gouvernement ordonna une levée de trois cent mille hommes; le département d'Indre-et-Loire dut en fournir quatre mille huit cent onze pris parmi les hommes de dix-huit à quarante ans, non mariés ou veufs sans enfants.

Dès lors les mesures prises par les autorités de Tours devinrent de plus en plus vexatoires.

Le 17 mars 1793, les citoyens furent invités à dénoncer et à amener à l'administration tous ceux qui n'étaient pas révolutionnaires.

Le 21 mars, on ordonna aux chefs de poste de ne donner des chevaux qu'aux citoyens munis d'un passeport, et de conduire ceux qui n'en auraient point eu à la municipalité pour être interrogés.

Le 6 avril, les fonctionnaires de Tours et quelques citoyens écrivirent à la Convention pour approuver toutes ses mesures révolutionnaires.

Le 23 avril, les conseils généraux du département du district et de la commune de Tours arrêtèrent que tous les citoyens sans distinction, depuis seize jusqu'à cinquante ans, seraient exercés au maniement des armes, aux chefs-lieux du département et des districts, au moins trois fois la semaine, et les dimanches et jours de fête dans le reste des campagnes.

Le 24 avril, le conseil du département forma un COMITÉ DE SURETÉ GÉNÉRALE *qui devait garder le plus grand secret sur toutes ses opérations.* Il fut composé de cinq membres pris : trois dans le conseil du département, un dans le conseil de district et un dans le conseil de la commune de Tours. Il fut chargé de juger toutes les personnes suspectes et dénoncées comme telles, et fut autorisé à requérir la force armée pour l'exécution de ses délibérations.

La levée de trois cent mille hommes dont nous avons parlé avait provoqué le soulèvement des héroïques chrétiens de l'Anjou, qui osèrent défendre, les armes à la main, leurs autels et leurs foyers contre la tyrannie jacobine. L'armée catholique, bientôt grossie des Vendéens, auxquels elle emprunta son nom, menaçait l'Indre-et-Loire. La Convention envoya quinze représentants du peuple chargés d'organiser la défense de ce département. Tallien se rendit à Chinon, où dominait l'élément royaliste, ainsi que le constate cette lettre du 19 mai 1793, adressée à la municipalité de Tours : « Depuis que nous sommes à Chinon, nous n'avons pas entendu une seule fois, dans les fêtes civiques, les cris de : « Vive la république, » si ce n'est par les sans-culottes. Les ci-devant bourgeois ont la figure longue et triste. Nous les travaillons, et nous espérons les convertir. » Et pour les convertir Tallien n'hésitait pas à se faire prédicateur tous les dimanches ; à l'issue de la messe du curé constitutionnel, il mon-

lait en chaire et prononçait un sermon révolutionnaire[1].

Cependant les Vendéens avaient pris Saumur le
9 juin 1793, et entraient dans l'Indre-et-Loire.
Les autorités s'émurent; on fortifia Tours; quelqu'un
proposa de placer des canons sur la tour Charle-
magne pour mieux foudroyer les rebelles[2]; on installa une guillotine sur la place d'Aumont, et l'on
exécuta un espion vendéen. On rassembla des gardes
nationaux à Chinon, et on interdit d'entrer dans
cette ville sans passeport.

Les autorités semblaient enthousiasmées, lorsqu'elles apprirent l'approche de huit cents cavaliers
commandés par Henri de la Rochejacquelein. Il n'en
fallut pas davantage pour jeter la consternation
parmi les révolutionnaires. Des renforts furent de-
mandés à Tours; mais, voyant bien qu'ils n'arrive-
raient pas assez tôt, une partie des membres du
directoire du district quittèrent Chinon, sous prétexte de mettre en sûreté les papiers de l'administration. Ils s'enfuirent à Sainte-Maure, où ils furent
mal reçus, et de là à Châtellerault, d'où ils furent
appelés à Tours.

Les Vendéens entrèrent à Chinon sans combat.
Ils s'étaient engagés à tout respecter, et se contentèrent seulement de s'emparer des munitions, de

---

[1] Carré de Busserole, *Souvenirs de la Révolution en Indre-
et-Loire.*

[2] Biblioth. de Tours, ms. n° 1296.

délivrer les prisonniers et d'arborer le drapeau blanc. Ils se retirèrent au bout de trois jours.

Les fonctionnaires en fuite, n'ayant plus rien à craindre, revinrent bravement, protégés toutefois par cinq cents baïonnettes. Leur premier soin fut de reprocher aux Chinonais d'avoir laissé souiller leur ville par l'ennemi. Pour punir les habitants, ils installèrent une commission militaire et emplirent les prisons de victimes. Trois citoyens furent condamnés à mort : M. Bertrand Poirier, M. Pichereau, ancien maire de Chinon, et M. Jean-Joseph Dabilly; le premier fut exécuté à Paris, les deux autres à Tours.

Les revers des républicains firent prendre, le 15 juin, par les représentants du peuple, un arrêté « tendant à obvier aux différents abus qui se sont glissés dans toutes les branches de l'administration de l'armée [1] ». Il faut croire que cet arrêté n'eut pas beaucoup d'effet, car le 3 juillet un maire écrivait au conseil général d'Indre-et-Loire : « Les soldats républicains en lutte avec les Vendéens désertent en masse, se font couper les cheveux et disent qu'ils ont été pris par leurs ennemis... Ces mêmes soldats se répandent dans le département, commettent des brigandages, des vols de toute espèce, outragent les femmes et les filles, violent les propriétés. Tout cela s'est passé à Lémeré, à Thizay, depuis Fontevrault jusqu'à Chinon, à Saint-Germain

---

[1] Biblioth. de Tours, fonds Taschereau, n° 564, *passim.*

notamment, où une quarantaine de soldats boule-
leversent tout, à Beaumont, à Ligré, à Candes,
à Couziers. Partout où ils passent, ils emmènent
les chevaux et se font remettre de fortes sommes
d'argent. » Le conseil général pria la Convention
de faire des lois contre ces abus[1].

La dictature jacobine avait bien d'autres préoccu-
pations. Au lieu de faire régner la justice en Touraine, elle y fit peser un joug de sang sous la main
du représentant du peuple Guimberteau, envoyé,
après la chute des Girondins, remplacer Tallien,
soupçonné de modérantisme.

Guimberteau, de la tyrannie duquel les autorités
se plaignirent bientôt, eut soin de faire l'épuration
des fonctionnaires suspects. Il encouragea les dé-
nonciateurs, en promettant aux uns cent francs par
tête d'émigré ou de prêtre, aux autres la moitié des
grains saisis chez les prétendus accapareurs.

Les prisons de Loches, Chinon, Amboise, Bourgueil, Plessis-lez-Tours, furent bientôt remplies.
A Tours, la prison de l'Oratoire contenait plus de
cent cinquante prisonniers; une autre renfermait
cent quatre-vingt-quatorze prêtres et plus de deux
cents religieuses; le refuge, plus de trois cents personnes. Le chiffre des détenus allant toujours crois-
sant, on transforma en prison le grand séminaire
et Marmoutier, et, ces prisons étant devenues elles-
mêmes insuffisantes, on transporta des prisonniers
à Issoudun.

<hr>

[1] Biblioth. de Tours, fonds Taschereau, n° 564, *passim*.

On faisait supporter les frais de transport par les victimes, et les riches devaient payer pour les pauvres.

Ce fut à ces tristes événements que le château de Loches dut d'être conservé. On le trouva nécessaire pour loger les nombreuses victimes de la Terreur, et on y fit même quelques réparations jugées indispensables.

A Tours, la guillotine était en permanence sur la place d'Aumont. Son installation avait coûté 1430 livres. Elle ne fonctionna jamais bien, et l'on cite un nommé Frapin à qui l'exécuteur fut obligé d'achever de couper le cou avec un couteau. Les victimes y étaient amenées à peine vêtues : la rapacité des bourreaux avait soin de les dépouiller de leurs vêtements.

Les pourvoyeurs de l'échafaud étaient alors des commissions militaires, dont la Convention couvrait la France, et que le peuple appela bientôt des commissions de sang.

La première fut établie à Tours par Jérôme Sénard, et dura du 16 juin au 29 juillet. Ce court espace de temps suffit au fougueux révolutionnaire pour faire guillotiner plusieurs personnes : le 30 juin, le marquis Pierre de Sanglier (rentré en France après émigration); le 1er juillet, Jean Noguel, soldat au bataillon de la Manche; le 2, J.-J. François, pensionné du ci-devant marquis de Poyenne; le 3, Bedrune, lieutenant-colonel de la légion germanique; le 11, Georges Guichon; le 12, le chevalier Renault des Vernières; et le 16, Quesneau.

Le conseil général s'émut de ces rigueurs, et parvint à faire supprimer la commission militaire.

Le 23 octobre, elle fut remplacée par un comité de surveillance révolutionnaire, chargé de « comprimer les malveillants qui machinent contre la liberté ». Ce comité correspondait avec toutes les communes du département; ses membres recevaient une indemnité de 7 livres par jour. Tout citoyen était astreint par devoir à lui communiquer ce qu'il pouvait concevoir sur les opinions, les faits, les idées même des suspects; « cela était utile à la chose publique et au soutien des droits du peuple[1] ».

Le comité fut secondé, au mois de novembre, par une seconde commission militaire installée à la suite d'une insulte faite au bonnet rouge, délit abominable, d'après le représentant du peuple Guimberteau. En quatre mois, cette commission guillotina onze personnes : le 25 novembre, Urbain Coulon, huissier à Ligueil, prévenu d'avoir fait une fausse déclaration de grains; le 1er décembre, Chartier, accusé d'avoir tenu des propos contre-révolutionnaires dans un cabaret de Preuilly; le 4 janvier 1794, Thenaisie, comme brigand de la Vendée; le 11, Pichereau, ancien maire de Chinon; le 24, Dabilly, ex-avoué à Chinon; le 27, le charpentier

---

[1] Biblioth. de Tours, fonds Taschereau, n° 553. Il y avait un comité de surveillance révolutionnaire à Amboise et à Preuilly. Dans cette dernière ville, une société populaire tenait ses séances dans l'église Notre-Dame, et entretenait dans le pays l'effervescence des passions démagogiques.

Cartier, comme brigand de la Vendée; le 9 mars, Pasquier, couvreur à Richelieu; le 16, Pierre-Michel Goirand, marchand; le 24, Beuneux, tailleur de pierres à Chinon; le 2 avril, Frapin, sellier à la Haye, comme brigand de la Vendée, et le 26, Babin, meunier.

Comme pour terrifier encore davantage les populations, le comité de surveillance révolutionnaire ordonna une perquisition générale chez tous les habitants de Tours. Elle commença le 26 décembre à six heures du matin, et dura cinq jours sans désemparer. Tous les gens suspects furent arrêtés et traînés à la Force publique, dans la maison dite « les Vernières ».

Vers la même époque, un horrible massacre eut lieu à Chinon. Le Petit, un chef révolutionnaire de dix-huit ans, y était entré avec trois cent quatre-vingt-neuf prisonniers de Saumur, dont vingt-quatre femmes. Il avait manifesté ses desseins criminels, et les avait vus repoussés par la municipalité. Le 4 décembre, il sortit de la ville et s'arrêta au bas de la côte des Quinquennais. Les malheureux prisonniers furent rassemblés en groupe; les soldats tirèrent d'abord sur eux à bout portant, puis achevèrent les blessés à coups de sabres et de baïonnettes. Les morts furent ensuite dépouillés; les meurtriers s'emparèrent de leurs valeurs et les abandonnèrent presque nus. Cent soixante prisonniers cependant avaient pu se cacher. Le Petit les rassembla et les dirigea sur Tours. Ils couchèrent dans cette ville le 6 décembre et repartirent le lendemain ; mais soixante d'entre eux furent encore massacrés à Amboise, à Blois et à Beaugency. Après la chute de Robespierre on voulut faire punir les coupables ; on fit grand bruit autour d'une procédure, puis tout s'éteignit insensiblement, et les crimes restèrent impunis.

Qu'on rapproche de cette impunité les horribles exécutions du genre de la suivante, accomplies pour punir de prétendus crimes la plupart du temps de tous points excusables, et l'on se demandera ce que la Révolution entendait par égalité devant la loi.

De soi-disant patriotes parcouraient les communes, excitant le peuple à détruire les objets religieux des églises. Les habitants de Cussay voulurent résister aux modernes vandales ; une rixe s'éleva, et un habitant, le nommé Guérin, blessa un révolutionnaire d'un coup de fusil. Il n'en fallut pas davantage pour effrayer le représentant du peuple Guimberteau, qui ordonna aussitôt à la commission militaire de partir pour la Haye et d'y établir la guillotine. Le général Desclozeaux se porta sur Cussay avec l'artillerie et l'infanterie. Presque tous les habitants furent arrêtés, et le malheureux Guérin, malgré les prières et les larmes de sa femme, fut guillotiné le 14 février 1794.

Pour un délit moins grave encore, ou plutôt simplement pour avoir été suspecté, M. Jahan, originaire d'Anjou, fut cruellement violenté.

Ancien député à l'Assemblée législative, M. Jahan

vivait retiré, avec sa femme et sa fille, aux environs de Tours. Le 3 mai 1794, au moment de son déjeuner, il vit arriver des commissaires chargés de s'emparer de lui. Désespéré, il monta dans sa chambre et tenta de se suicider à coups de couteau; on courut le relever, on voulut le panser, mais le malheureux arracha tous les appareils que l'on posa sur ses blessures, et il fallut profiter d'un évanouissement pour le soigner. Et cependant, malgré son état alarmant, malgré les supplications de sa femme et de sa fille éplorées, on eut la cruauté de le transporter à Tours. Il guérit néanmoins, et alla attendre la mort dans une prison de Paris. Heureusement la mort tarda à venir, Robespierre tomba, et M. Jahan recouvra sa liberté, grâce à un membre influent de la Convention.

A Chinon, le 30 novembre 1793, la Société populaire prit une délibération portant que tout citoyen qui aurait plus de six chemises en donnerait une, plus une paire de bas et de souliers, pour les frères et les amis. Le 23 janvier 1794, la même société réquisitionna les dames de la ville pour leur faire chanter la chanson de la Montagne. Le maire, Chesnon de Baigneux, et plusieurs officiers municipaux ayant désapprouvé les mesures vexatoires, furent emmenés et emprisonnés à Paris.

Enfin le 9 thermidor arriva, ce coup d'État par lequel ses auteurs voulaient plutôt le renversement de Robespierre que la fin de la Terreur; mais où ils se virent dépassés dans leurs desseins par l'opinion publique et le côté droit de l'Assemblée. L'échafaud s'arrêta, et de nombreux prisonniers recouvrèrent leur liberté.

Mais la tyrannie ne disparut pas complètement. La déportation remplaça souvent la guillotine, et les fêtes révolutionnaires eurent toujours lieu. Le 10 août 1794, on célébra à Langeais l'anniversaire de la chute de Louis XVI, et longtemps encore le 21 janvier vit fêter l'anniversaire de la mort d'un roi qui n'avait jamais voulu que le bonheur de ses sujets.

Dans les premiers mois de 1795, il y eut cependant une assez forte réaction contre le gouvernement, et on alla jusqu'à fouler aux pieds le bonnet rouge. Au mois d'avril, le représentant du peuple Pocholle reconstitua la municipalité de Tours dans un sens modéré. Il supprima les sociétés populaires, et ne toléra les autres sociétés littéraires et politiques qu'en les faisant surveiller. Mais, profitant de la faiblesse des autorités, le club se reforma peu à peu et reconquit son influence.

Au mois de novembre 1795, les électeurs avaient choisi les administrateurs du département et de la commune parmi les gens modérés. En mars 1796, le Directoire révoqua l'administration départementale, et remplaça les hommes suspects de royalisme par des jacobins.

Seize mois plus tard, en juillet 1797, une émeute éclata à Tours. On suppose qu'elle fut l'œuvre du club, qui cherchait toutes les occasions de ressaisir le pouvoir. « Un engagement eut lieu dans le cloître

Martin. Le citoyen Pelgé eut le poignet coupé d'un coup de sabre; Dalahaye père, âgé de soixante-huit ans, fut frappé mortellement de trois coups de feu, et un chasseur, nommé Lameule, fut blessé au front d'un coup de fusil[1] ».

Le mal, le désordre d'un côté, l'incurie administrative de l'autre, étaient alors si grands, que, le 1er septembre 1797, le ministre de l'intérieur écrivait aux administrations centrales et municipales d'Indre-et-Loire : « Je vous demande raison des troubles et des crimes qui semblent se multiplier avec impunité. Quel ennemi souffle la discorde et le brigandage? Où sont vos arrêtés pour maintenir la tranquillité? Où sont vos moyens de faire rentrer les impôts? Qu'avez-vous à dire quand la renommée est lasse de raconter les meurtres, les assassinats qui se commettent sous vos yeux? Comment vous justifierez-vous de n'avoir pas même osé les constater[2] ».

Enfin les jacobins redevinrent les maîtres. Le coup d'état du 18 fructidor (4 septembre 1797) les ramena au gouvernement de la France, qui eut à subir une nouvelle Terreur. Une troisième commission militaire fut établie à Tours. La fusillade remplaça la guillotine, qui avait été démolie le 29 novembre 1794, et la première victime fut M. Jean-Louis Carteau, jeune homme de vingt-six ans, cou-

---

[1] Chalmel, *Événements du 9 thermidor à Tours*, publiés par Nobileau.

[2] Biblioth. de Tours, fonds Taschereau, n° 564.

pable d'être rentré dans sa patrie après émigration, et exécuté sur la place d'Aumont le 30 janvier 1798.

Et qu'on ne se fasse pas illusion sur le caractère de cette seconde Terreur. « Tous ceux qui passent ici, écrit un Tourangeau, disent qu'il n'y a dans le pays aucune différence entre ce temps-ci et celui de Robespierre... Il est sûr que le sol n'est pas tenable, et qu'on est menacé continuellement d'exactions comme dans un pays conquis... Les propriétaires sont tellement écrasés d'impositions, qu'ils ne peuvent subvenir à leurs dépenses journalières, ni payer les frais de culture. L'imposition dans mes anciennes paroisses prend à peu près treize sous sur vingt de revenu... L'intérêt de l'argent monte au taux de 4 pour 100 par mois... Tours, en proie aux terroristes, qui dévorent le département et occupent toutes les places, est dans l'état le plus déplorable; toute famille un peu aisée, tout négociant, tout marchand l'abandonne[1]. »

Et ce triste état de choses dura jusqu'au jour où la main de fer de Bonaparte vint soumettre les jacobins, et leur faire subir un joug qu'ils durent trouver plus pesant que celui de l'ancien régime.

II. — Émeutes populaires.

Nous avons vu comment, dès 1789, les agitateurs provoquaient les émeutes et en tiraient parti.

[1] *Mémoires de Dufort de Cheverny*, 1797, 1798 et 1799, *passim*, cités par Taine.

Cette tactique se continua pendant toute la Révolution. Elle n'a été, du reste, que la mise en œuvre des instructions suivantes données à Paris dans les loges maçonniques : « On aura, pour imposer à la bourgeoisie, cette classe déterminée qui ne voit rien pour elle à perdre au changement et croit avoir tout à gagner. Pour l'ameuter, on a les plus puissants mobiles : la disette, la faim, l'argent, les bruits d'alarme et d'épouvante et le délire de terreur et de rage dont on frappera ses esprits... Dans les cabarets, dans les places publiques, dans les jardins et sur les quais, de petits orateurs, à un écu par tête, annonceront des ravages, des incendies, des villages saccagés, inondés de sang. Ainsi le veut le mouvement social. Que ferait-on de tout ce peuple en le muselant des principes de l'honnêteté et du juste? Les gens de bien sont faibles et timides; il n'y a que les vauriens qui soient déterminés. L'avantage du peuple dans les révolutions est de n'avoir point de morale. Comment tenir contre des hommes à qui tous les moyens sont bons [1]? »

Nous savons un peu et nous apprendrons mieux plus loin dans quelle misère on vivait à cette époque. Les ouvriers, rendus furieux par les plus dures privations, n'étaient que trop disposés à prêter l'oreille aux excitations de misérables révolutionnaires qui, non contents de leur avoir occasionné ces

---

[1] Le P. Deschamps, *les Sociétés secrètes*, t. II, p. 145.

premiers malheurs, les poussaient à l'insurrection
et à la vengeance. D'après eux, les riches seuls étaient
cause de la disette; ligués avec les nobles et les
prêtres, ils maintenaient les denrées à un prix très
élevé pour forcer le peuple à *manger du foin et de
la paille*[1], propos abominable que les sans-culottes
colportaient avec zèle et qui, hélas! était aveu-
glément accueilli par des gens que le malheur rendait
crédules.

Parmi ceux que les agitations vouaient à la vindicte publique étaient les accapareurs de grains. On
répandait sur ces gens les plus odieuses calomnies,
tandis qu'ils n'étaient, la plupart du temps, que de
simples cultivateurs ou propriétaires que les événements effrayaient, et qui mettaient en réserve pour
les mauvais jours qu'ils voyaient approcher. A la vérité, il y avait des accapareurs criminels, mais il
aurait fallu les chercher à Paris, et c'étaient les chefs
mêmes des agitateurs, les gouvernants, alors si ha-
biles à faire le mal et à l'attribuer aux honnêtes
gens, leurs ennemis. D'après Carré de Busserole,
la municipalité parisienne achetait à grands frais les
blés de province pour les distribuer au-dessous du
prix de revient aux habitants de la capitale, dans le
but de s'assurer le concours du peuple de Paris dans
les mouvements politiques et les insurrections. La
conséquence d'un tel abus fut d'entraver le commerce des blés; mais, tandis que d'une main le

---

[1] Carré de Busserole.

gouvernement soutenait les menées de la municipalité de Paris, de l'autre il faisait rigoureusement assurer l'approvisionnement des marchés de province et excitait le peuple contre ceux qui hésitaient à vendre leurs grains.

En avril 1792, presque tous les habitants de Panzoult furent insurgés pendant trois jours, usant de contrainte envers ceux qui ne voulaient pas s'unir à eux. Ils exigèrent d'un homme qu'ils avaient renfermé la somme de deux mille sept cents livres pour prix de sa liberté [1].

Les 8, 22 et 26 septembre 1792, des boulangers venant au marché de Tours furent assaillis et leur pain enlevé sans payement.

Le 31 octobre, la multitude s'ameuta sur le mail Preuilly et réclama le blé à trente sous le boisseau (environ onze francs trente cent. l'hectolitre).

A Neuvy-le-Roi, le peuple s'insurgea au son du tocsin et força les portes du grenier à sel.

A Sainte-Catherine-de-Fierbois on confisqua trois cents boisseaux de blé trouvés dans les greniers d'un habitant.

Une émeute plus sérieuse éclata à la Chapelle-sur-Loire à l'occasion de la publication du rôle de l'impôt mobilier. Le travail de répartition avait été fait par des personnes qui unissaient la fortune à un certain talent. Les jacobins saisirent cette occasion d'échauffer les têtes contre les riches, et le 4 no-

---

[1] Biblioth. de Tours, fonds Taschereau, n° 576.

vembre, lorsque le maire voulut lire, à l'issue de la messe, le rôle des contributions, il fut hué par l'assistance; un conseiller municipal voulut le remplacer et reçut les mêmes injures. On s'empara du rôle et on le déchira sur la place de l'Église.

Les officiers municipaux se sauvèrent au milieu des coups. L'un d'eux et le procureur de la commune furent foulés aux pieds et eurent grand'peine à se réfugier dans le presbytère, d'où on les ramena presque aussitôt par les cheveux dans la sacristie. Le conseiller municipal réussit à se sauver une seconde fois et guérit de ses blessures. Le procureur, au contraire, fut abandonné sanglant et mourut la nuit suivante, malgré les soins que lui prodigua le curé.

L'autorité s'émut et ordonna une information judiciaire qui amena la condamnation à mort de quatre des principaux coupables.

Mais le mouvement insurrectionnel dont nous voulons parler [1], et qui prit dans la Touraine des proportions alarmantes, naquit dans la Sarthe, aux forges de Vibraye et aux environs de Montmirail, où Marat avait un frère et un proche parent. L'émeute se composa d'abord de coupe-jarrets coiffés du bonnet rouge, de septembriseurs à figure sinistre, envoyés de Paris; ensuite d'ouvriers trompés sur la cause de leur misère et excités à la révolte; enfin de tous les brigands qui vagabondaient dans la pro-

---

[1] Nous empruntons les détails qui suivent à Carré de Busserole, au *Moniteur universel* et aux *Mémoires de Jérôme Sénard*.

vince. On prétextait la cherté des vivres; mais le but réel était de se porter par Amboise, Tours et Saumur sur Mortagne, en Poitou, où le duc d'Orléans devait être proclamé roi. Dans toutes les communes qu'ils traversaient, les meneurs obligeaient les conseillers municipaux et les habitants à les suivre; ainsi la troupe se grossissait dans chaque localité.

Le 28 novembre, trois mille hommes arrivent à Châteaurenault, forcent la municipalité à les recevoir et taxent le blé, la viande, le beurre, la chandelle, le savon. Les meneurs ordonnent ensuite de continuer la marche sur Amboise. Chemin faisant, ils sont rejoints par des émeutiers de Loir-et-Cher, si bien qu'avec les habitants recrutés dans les communes de passage, ils sont dix mille en arrivant à Amboise. La garde nationale avait été préparée pour une résistance; elle refuse de défendre la ville et se joint aux assaillants, qui entrent sans coup férir. Les administrateurs de la ville sont entraînés dans l'église Saint-Florentin, et doivent assister à la taxe des subsistances; après quoi les chefs de l'émeute ordonnent de se porter sur Tours. La troupe part le 29, à huit heures du matin, après avoir provoqué des soulèvements dans toutes les localités voisines.

Cependant le conseil général du département avait mis Tours en état de défense. La garde nationale et une partie des troupes étaient placées derrière la barrière de Saint-Pierre-des-Corps avec les canons de la ville.

Un sous-officier de la garde nationale d'Amboise

se présente au nom de l'émeute et prie le conseil de laisser entrer les insurgés dans la ville. Cet envoyé est arrêté. Malgré cette mesure de rigueur, un juge de paix et un prêtre schismatique veulent persuader au conseil de ne pas recourir à la force et de laisser entrer des gens qui ne veulent que taxer les subsistances. Jérôme Sénard leur répond énergiquement, demande leur incarcération, l'obtient, et les conduit lui-même à la prison de l'Oratoire. Chemin faisant le curé constitutionnel lui dit: « Tu as grand tort, camarade, tu t'éloignes du bon parti; tu n'aurais pas été oublié; tu aurais un poste dans l'ordre de choses que nous allons établir. Le duc d'Orléans est notre chef, et notre parti est le meilleur. » Ces paroles nous montrent que l'insurrection était bien la conséquence de menées politiques, et non du désir de taxer les denrées.

Cependant les émeutiers arrivent devant la ville; on les prie de rétrograder. Ils refusent et menacent de revenir en force si on leur résiste. Alors, après trois sommations, la troupe s'avance, l'infanterie tire en l'air pour effrayer les rebelles, et la cavalerie se jette au milieu d'eux sans faire usage de ses armes; ils se débandent, se sauvent et sont ainsi repoussés pêle-mêle jusqu'à une lieue de Tours.

Forcés de revenir à Amboise, les meneurs étaient exaspérés. Près de Montlouis, ils maltraitèrent un coutelier de Tours et le laissèrent pour mort après lui avoir coupé les cheveux et la barbe avec un sabre. De retour à Amboise, ils envahirent de nouveau l'église Saint-Florentin, puis pillèrent et démolirent la maison de M. Malveau, qu'ils savaient opposé à l'insurrection.

Le conseil général, informé, envoya des troupes, et vingt-trois individus arrêtés à Châteaurenault et à Amboise furent écroués à Tours.

Un délégué fut envoyé de Tours à Paris prier la Convention de prévenir le retour de semblables désordres. Ce messager crut bon d'accuser les riches, « qui auraient eu la cruauté de calculer la grandeur de leur fortune sur la misère du peuple ». C'était une odieuse calomnie alors à la mode [1]. Les conventionnels se contentèrent de féliciter le rapporteur et de l'inviter à assister à la séance de l'Assemblée.

Certes, la Convention ne tenait pas à rechercher les auteurs de l'insurrection : elle les eût trouvés dans son sein, et, d'après Jérôme Sénard, c'était le duc d'Orléans et Marat. On n'en accusa pas moins l'infortuné Louis XVI, réduit à l'impuissance dans sa prison du Temple, et l'exécrable Robespierre n'eut pas honte de s'écrier : que « le dernier tyran des Français, le chef, le point de ralliement des conspirateurs, devait être condamné à la peine de ses forfaits. »

---

[1] Les riches faisaient leur possible pour atténuer la misère ; à Tours particulièrement, M. Papion du Château, propriétaire de la manufacture de damas, donna plus de trente mille livres pour les pauvres.

III. — Persécution religieuse. — Suppression de tout culte
public. — Profanation des églises et des tombeaux.

La tranquillité relative dont jouirent les sœurs du Refuge pendant les premiers mois de l'année 1792 ne pouvait durer longtemps. Sous prétexte que les enfants instruits par elles ne portaient pas assez de respect aux prêtres constitutionnels, les religieuses se virent menacées d'expulsion si elles ne repoussaient pas l'autorité du pape en prêtant le serment civique. Les saintes filles refusèrent. Le 22 octobre elles furent chassées, leurs pénitentes rendues à la vie publique et leur couvent fermé. Au mois de décembre tous leurs meubles furent vendus [1].

Nous avions manifesté quelques doutes sur la protection qu'on prétendait accorder aux prêtres renfermés dans le petit séminaire de Tours. Le 25 février 1793, le directoire du département ordonna de rechercher les prêtres qui se cachaient, et une centaine d'entre eux, arrêtés sur la simple dénonciation de douze individus [2], furent enfermés dans le grand séminaire.

Le 4 avril suivant, le conseil général condamna

[1] Dans ce même mois d'octobre, on laïcisa l'hôpital, l'Hôtel-Dieu et les Enfants trouvés.

[2] La loi déclarait qu'on pouvait arrêter sur la simple dénonciation de six citoyens, sans que ceux-ci fussent tenus de donner le moindre motif à l'appui de leur dénonciation. La Révolution n'avait donc pas aboli les lettres de cachet, elle les avait conservées sous une autre forme.

à la déportation quatre-vingt-quatorze de ces prisonniers. Le 22 du même mois, ces malheureux montèrent dans vingt charrettes qui les conduisirent à Bordeaux, où ils arrivèrent au bout de quinze jours de marche, après avoir souffert toutes sortes d'humiliations et de mauvais traitements. Ils restèrent dans cette ville jusqu'au 9 thermidor, endurant mille privations, n'ayant pour toute nourriture qu'un peu de fèves des marais, auxquelles ils ajoutaient souvent les orties qu'ils ramassaient dans les cours. La chute de Robespierre vint les sauver de l'échafaud; mais ils auraient vu le sort qui les attendait changé en une déportation à la Guyane, sans la protection d'un jeune homme de Touraine qui leur fit rendre la liberté. Ils n'étaient plus que soixante.

Plusieurs de leurs confrères avaient réussi à se cacher et remplissaient les fonctions du sacerdoce au milieu des plus grands dangers. Trois d'entre eux furent pris et condamnés à mort : MM. le Suire, Rétrif, et de Noyelles, bénédictin. Tous trois furent guillotinés à Tours sur la place d'Aumont, les deux premiers au mois de juin 1793, le troisième le 10 août suivant. Ils montrèrent un courage et une résignation admirables.

En décrétant la constitution civile du clergé, la Révolution prétendait faire revivre les coutumes des premiers temps du christianisme. En général, les prêtres n'avaient pas été dupes de cette hypocrite prétention, et les faits vinrent confirmer leur opinion. Quelques curés constitutionnels s'étaient mariés, entre autres celui de Faye-la-Vineuse, François-Joseph Bruslon, malgré les remontrances de l'évêque constitutionnel Pierre Suzor, qui n'admettait pas le mariage des prêtres. L'abbé Mousset, curé de Langeais, ayant refusé de consacrer ce mariage, le curé Bruslon en appela au tribunal du district de Langeais, qui, le 11 septembre 1793, condamna l'abbé Mousset et donna gain de cause au curé de Faye-la-Vineuse. C'est ainsi qu'un comité révolutionnaire entendait la vertu sacerdotale et se déclarait compétent en matières ecclésiastiques aussi graves.

Un mois plus tard, la Convention supprimait tout culte public et privé et ordonnait aux prêtres de renoncer à leurs titres. En Touraine, quinze prêtres seulement, dont quelques-uns étaient mariés, abjurèrent le sacerdoce; encore la plupart se convertirent plus tard. Ils déposèrent leurs lettres de prêtrise à Tours sur le bureau de la Société populaire, qui les brûla publiquement. L'évêque Pierre Suzor et les autres prêtres constitutionnels protestèrent : ils voyaient où les avait conduits leur serment civique.

L'abolition du culte entraîna la dévastation de tout ce qui restait de précieux dans les églises et la suppression de tous les emblèmes religieux. Les cloches furent brisées et changées en canons; l'or et l'argenterie furent envoyés à la Monnaie. Au château du Liget, près de Loches, on pilla dix mille livres d'argenterie; à Tours, on en enleva pour deux cent trente mille livres. Le tombeau de saint Gatien, à la Riche, fournit aux dévastateurs deux cent mille livres d'objets précieux. A Marmoutier, la Société populaire « brûla la ci-devant sainte-ampoule qui sacra le tyran Henri IV [1] », après avoir eu soin de dérober l'émeraude de prix et l'anneau d'or qui l'enchâssait. La basilique de Saint-Martin fut transformée en une vaste écurie pour le service des charrois militaires. Tout y fut dévasté, et on enleva jusqu'à la belle armature en fer sur laquelle s'appuyaient les voûtes. Privé de son soutien, le monument s'affaissa bientôt et forma un amas de décombres que l'administration fit enlever avec les murs restés debout. L'église de la Riche devint une fabrique de salpêtre.

Aux enterrements, les commissaires précédaient le convoi, la tête décorée du bonnet de la liberté; le drap mortuaire à croix blanche fit place à une étoffe tricolore; les croix des cimetières, à des statues du sommeil.

Mais ce qu'il y eut de plus honteux fut la violation des tombeaux. A Amboise, on détruisit le mausolée en marbre que s'était fait élever le duc de Choiseul dans le cimetière de Saint-Denis [2]. A Preuilly, dans l'ancienne église abbatiale, on pénétra dans le caveau de la famille le Tonnellier de Breteuil. Sept ou huit cercueils en plomb furent enlevés, déposés sur la place publique et brisés à

----

[1] Biblioth. de Tours, fonds Taschereau, nᵒ 582.
[2] Biblioth. de Tours, ms. 1492.

coups de marteau. Les cadavres furent dépouillés des objets précieux dont la piété les avait ornés, et ces reliques des morts et les cercueils en plomb furent envoyés à Paris grossir le trésor de la Révolution. Les ossements furent dispersés sur la place publique [1].

Pour augmenter le nombre des sacrilèges, on fit servir les temples de Dieu aux fêtes de la Raison, infâmes parodies où l'on rendait hommage à de prétendues déesses qui furent souvent des femmes très peu recommandables.

A Tours, la fête de l'ouverture du temple de la Raison eut lieu dans la cathédrale le 10 décembre 1793. La basilique fut ornée de drapeaux tricolores, et dans le sanctuaire on plaça la statue de la Liberté entourée des bustes de l'ignoble Marat, de Lepelletier de Saint-Fargeau, de Brutus, de J.-J. Rousseau et de Voltaire. On chanta les hymnes à la Raison avec des chœurs à grand orchestre; il y eut quelques discours. Des tables furent dressées, et un repas, copieux pour les autorités, maigre pour le peuple, fut servi là où les fidèles s'agenouillaient à la table sainte. Et, pour terminer, des danses bacchanales marquées par le chant de la carmagnole retentirent sous les voûtes, qui n'avaient été faites que pour contempler le recueillement des fidèles, entendre les chants pieux et la plainte des affligés.

---

[1] *Histoire de Preuilly,* par Audigé et Moisand.

A Preuilly, les révolutionnaires transformèrent en déesse de la Raison une jeune fille de la ville. Ils lui dressèrent un trône sur l'autel, prononcèrent des discours et chantèrent des hymnes en son honneur.

A Loches, le temple de la Raison fut l'église collégiale du château. Deux autels furent placés au milieu de la grande nef; les objets servant au culte furent enlevés, dérobés ou brisés, à l'exception du grand crucifix, que quelques sans-culottes n'osèrent pas briser; ils se contentèrent de le cacher après l'avoir peint en rouge, pour en faire, disaient-ils, un républicain [1].

La fête de la Raison fut remplacée au mois de juin par la fête de l'Être suprême. C'étaient des processions révolutionnaires qui avaient le don de laisser les populations indifférentes. Une chose à remarquer dans ces fêtes était la protection que l'État accordait aux enfants naturels, reconnus enfants de la patrie [2].

Dans sa rage contre la religion catholique, la Révolution alla jusqu'à supprimer l'ère chrétienne qui commençait à la naissance de Jésus-Christ. L'ère qui y fut substituée commença le 22 septembre 1792, jour de la proclamation de la république. Les mois furent tous de trente jours, les semaines de dix; les dimanches furent remplacés par les décadis; les noms de saints du calendrier, par des noms d'animaux et de plantes. En même

---

[1] *Histoire de la ville de Loches,* par l'abbé Hat.
[2] Biblioth. de Tours, fonds Taschereau, n° 553.

temps le caractère religieux était enlevé de partout, du nom des rues comme de celui des villes. On dit alors la rue Martin, la rue des Fossés-Georges, la Tour-Gelin, Épain, Maure-Libre.

Ce furent encore les ouvriers qui perdirent le plus à ce ridicule changement. « Avant cette tant vantée émancipation, écrit le socialiste Jules Guesde; les lois de l'État et de l'Église leur garantissaient quatre-vingt-dix jours de repos par an, à savoir : cinquante-deux dimanches et trente-huit jours fériés, » et cela sans nuire au gain annuel. Or, peu après l'établissement du calendrier républicain et la suppression des fêtes religieuses, le conseil général du département d'Indre-et-Loire interdit aux ouvriers, sous peine d'être traités comme suspects, ce qui signifiait ordinairement sous peine de mort, de cesser le travail les dimanches et jours de fêtes dont les dénominations venaient d'être supprimées; il ne fallait le faire que le jour du décadi. Le repos si nécessaire du septième jour remplacé par le repos obligatoire du décadi, un jour de repos sur dix pour la classe laborieuse : voilà comment la Révolution avait « affranchi les ouvriers », voilà le bien-être qu'elle leur avait apporté !

La chute de Robespierre vint mettre un peu de calme dans les persécutions et les sacrilèges, sans toutefois faire disparaître la tyrannie jacobine; car la plupart des prêtres et des religieuses, alors en prison, virent l'échafaud qui les attendait remplacé par la déportation.

Le 30 mai 1795, un décret autorisa les citoyens à user librement des anciennes églises non aliénées. Une partie des églises de Touraine furent rendues, non au culte public, mais simplement à la piété des fidèles.

Beaucoup de prêtres, quoiqu'en se cachant encore, purent remplir plus librement leur ministère sacré, jusqu'au moment où le nouveau triomphe des terroristes (18 fructidor) vint mettre un terme à leur dévouement.

Trois ecclésiastiques furent fusillés à Tours sur la place d'Aumont : le 27 février, à six heures du matin, M. l'abbé Denais, quarante-deux ans, du diocèse de la Mayenne; le 24 mars, Jean-Joseph Glatier, du diocèse du Mans; et le 31 mars, à onze heures du matin, M. l'abbé Pierre-Julien Hervieux, quarante-trois ans, émigré rentré.

D'autres, et en grand nombre, furent déportés à la Guyane, sur les plages meurtrières de Sinnamari et dans les déserts plus affreux encore de Conanama, où ils endurèrent les plus mauvais traitements venant s'ajouter aux douleurs de l'exil.

Cette nouvelle persécution du clergé, qui entraînait celle de tous les catholiques, dura encore deux ans, jusqu'au moment où Bonaparte vint soumettre les jacobins, rappeler les prêtres, et, comprenant « qu'une société sans religion est comme un vaisseau sans boussole », signer avec le pape un concordat qui fit ouvrir les églises et ramena les splendeurs du culte dans toute la France catholique.

CHAPITRE III

CONSÉQUENCES DE LA RÉVOLUTION : ABOLITION DES LIBERTÉS PROVINCIALES. — SUPPRESSION DE L'ENSEIGNEMENT PUBLIC, DU REVENU DES HOPITAUX. — TRISTE ÉTAT DU COMMERCE ET DE L'INDUSTRIE. — VANDALISME. — MISÈRE PUBLIQUE. — ÉTAT DÉPLORABLE DES VOIES DE COMMUNICATION.

La Révolution fit un grand pas vers le despotime en supprimant les libertés provinciales et communales. Depuis Louis XIV, un des principaux abus était la centralisation des pouvoirs, et un des vœux les plus formels contenus dans les cahiers des États-Généraux était pour le rétablissement dans leur intégrité des libertés perdues. La Révolution, qui se moquait un peu des désirs de la nation, augmenta encore la toute-puissance de l'État en supprimant les anciennes provinces sous prétexte d'unité nationale, et en les remplaçant par des départements dont les noms, ne signifiant rien, ne pouvaient pas même désigner leurs habitants. Ce fut ainsi que la Touraine devint le département d'Indre-et-Loire, lequel fut divisé en districts relevant directement de l'État. Les communes se virent enlever tous leurs droits, jusqu'à celui de pouvoir nommer leur garde-champêtre.

Du même coup on prétendait abolir les traditions que représentaient la Touraine et les autres provinces, « sorties du fond de l'histoire, de la vie de la France pendant mille ans, des entrailles du sol quand la France n'était pas encore née[1]. » On croyait pouvoir effacer ce vieux nom de Touraine, qui rappelait plus que le temps du moyen âge, qui rappelait les Turones et les luttes héroïques des Gaulois.

Quelques mois plus tard, l'Assemblée nationale, en s'emparant des biens de l'Église, porta un coup funeste à l'enseignement public, presque entièrement aux charges du clergé, et non, comme de nos jours, aux frais des contribuables. Généralement, quand on voit des hommes de soixante ou quatre-vingts ans ne sachant pas lire, on s'imagine que nos aïeux d'avant 1789 devaient être encore plus ignorants, tellement on croit que la Révolution a rendu plus heureuses les diverses classes sociales. C'est une grosse erreur. L'ignorance d'il y a cinquante ans vient de ce que les écoles supprimées il y a un siècle n'avaient pas encore été rétablies. Quant à l'instruction d'autrefois, il est certain qu'elle était plus développée qu'elle ne l'a été dans ce siècle, surtout

---

[1] Reclus.

en ce qui concerne l'enseignement secondaire. Citons seulement quelques exemples.

A la fin de l'ancien régime, il y avait à Tours six écoles primaires gratuites de garçons [1], et en Touraine environ quinze collèges d'enseignement secondaire où une grande partie des élèves étaient instruits gratuitement. Le collège de Tours, celui des pères barnabites, à Beaulieu, étaient très importants; celui de Chinon contenait cent cinquante élèves. Dans celui de Richelieu on enseignait « toutes les sciences : mathématiques, mécanique, astronomie, géographie ; » on étudiait « l'origine et le génie des langues grecque, latine, italienne, espagnole et française, la conformité et la différence qui est entre elles ». Les exercices corporels (escrime, gymnastique) y avaient aussi leur place [2]. Preuilly possédait un collège de garçons et un collège de jeunes filles. Le premier, très ancien, enseignait gratuitement la langue latine, et avait fourni, en différents temps, des sujets remarquables. Il fut vendu à vil prix, avec ses dépendances, comme bien national, malgré les réclamations des habitants. Ce n'est qu'en 1840 qu'une école primaire élémentaire a pu le remplacer [3].

Rapprochons ces données des passages suivants du rapport publié, le 3 avril 1793, par le conventionnel Veau-Delaunay : « De tous côtés, dit-il, l'éducation publique s'anéantit; l'enseignement moral

_____

[1] H. Faye.

[2] *Richelieu*, par M. l'abbé Bosseboeuf.

[3] *Histoire de Preuilly*, par Audigé et Moisand.

est nul. Il est temps de sauver les sciences et les mœurs de l'abrutissement qui les menace... Il a été impossible à l'administration d'avoir des sous-administrations des renseignements sur la situation des établissements d'instruction publique dans le département... Il est regrettable qu'aucune institution n'ait remplacé, dans ce département, les établissements connus sous le nom de psallette, où le clergé formait dans l'art de la musique des élèves pris parmi les enfants des citoyens les moins aisés[1]. »

De même les hôpitaux perdirent beaucoup par la spoliation des biens de l'Église. On lit dans le compte de la gestion du directoire d'Indre-et-Loire, en date du 3 décembre 1792 : « Presque tous les hôpitaux ont été forcés, par suite d'une diminution considérable dans leurs revenus, à demander à l'Administration des secours que celle-ci n'a pas toujours pu leur procurer. L'hôpital général de Tours a un besoin urgent de cent mille livres. Avant la Révolution, les revenus de cet établissement s'élevaient à cent mille livres, suffisant aux dépenses; ils ont été réduits aujourd'hui à soixante-cinq mille. Cependant les dépenses annuelles, en y comprenant trente-six mille livres de charges, s'élèvent à environ cent trente-cinq mille livres. Telle est la situation de cet hôpital, qui a perdu au nouvel ordre de choses la ressource des emprunts viagers et des fondations avec lesquelles il était obligé chaque année de com-

---

[1] Biblioth. de Tours, fonds Taschereau, n° 564.

bler son déficit[1]. » Et dans un autre compte rendu du mois d'avril 1798 : « Que dire de l'état affreux des hôpitaux ! Sans ressources, sans moyens, sans provisions, sans linge, les hôpitaux sont aujourd'hui réduits à ne vivre à peu près que des secours des âmes charitables... Et le résultat des nombreuses réclamations faites au ministère est presque nul[2] ! »

Dès les premiers temps de la Révolution, par suite de l'anarchie, l'industrie et le commerce tombèrent dans le plus piteux état. Les travaux diminuèrent progressivement dans les manufactures de Tours.

À Amboise, il existait avant la Révolution une manufacture importante d'acier qui occupait deux cents ouvriers, et une manufacture de boutons, sans compter le commerce considérable d'étoffes que cette ville faisait avec l'Amérique. En novembre 1790, les deux manufactures n'occupaient plus qu'un faible contingent d'ouvriers ; la fabrication et le commerce d'étoffes étaient presque nuls. Deux ans plus tard, Amboise envoya déclarer à la Convention « le malheur des habitants de cette ville, naguère si prospère, sur le point de périr de famine ». Cette démarche fut inutile.

À Loches, le commerce des gros draps, qui avaient eu d'importants débouchés, diminua à tel point, que le « Journal du district de Loches » conseilla aux négociants de « s'unir entre eux, de former des compagnies au lieu de rester isolés ». Or, deux pages

---

[1] Biblioth. de Tours, fonds Taschereau, n° 564.
[2] *Ibid.*, n° 566.

plus loin, l'inconséquent journal se félicitait de la suppression des corporations, qui, d'après lui, étaient « comme des images de la tyrannie outrageant la liberté[1] ».

Le gouvernement lui-même tua le commerce par la loi du maximum. Le conseil du district de Tours, appliquant cette loi, taxa, en novembre 1793, les huiles, le poisson salé, les sabots, les chapeaux, les galons, le ruban, le fil, tandis qu'un « décret contre les *accapareurs* atteignait en réalité tout possesseur de denrées de première nécessité, et le livrait aux fantaisies violentes des visites domiciliaires[2]. » Ajoutons à cela la mauvaise foi des municipalités elles-mêmes dans les transactions commerciales. Le conseil de la commune de Tours avait envoyé des approvisionneurs dans les villes de Nantes, Bordeaux, Marseille, le Hâvre et Orléans, pour acheter les denrées qui manquaient entièrement à la subsistance et à l'industrie des habitants de Tours. Mais, une fois achetées, ces denrées furent retenues par les municipalités, et il fallut que Bruley, l'officier municipal de Tours, écrivît au représentant du peuple Guimberteau pour le prier d'engager les municipalités à laisser parvenir les denrées à leur destination[3].

D'un autre côté, les terres non vendues des émi-

---

[1] Biblioth. de Tours, fonds Taschereau, n° 699.
[2] Poujoulat, *la Révolution française*.
[3] Biblioth. de Tours, ms. 1492.

grés et celles des cultivateurs partis pour l'armée n'étaient pas cultivées.

Du reste, pouvait-on espérer un meilleur état de choses quand le pays était gouverné par de véritables vandales ? Sous prétexte d'effacer toute trace de tyrannie, ces hommes s'appliquaient à détruire tout ce qui rappelait l'histoire nationale. Le 17 juillet 1793, un décret ordonna l'anéantissement de tous les papiers féodaux, et immédiatement après deux commissaires du département d'Indre-et-Loire brûlèrent les titres des églises Saint-Martin et Saint-Gatien. Le 10 août suivant, on détruisit dans toutes les communes les papiers déposés aux greffes des municipalités. Alors disparurent les archives des communautés religieuses et des fabriques, les documents judiciaires relatifs aux droits féodaux, les titres de noblesse, les chartes de nos rois. Le 17 novembre suivant, on brûla à Tours, sur la place d'Aumont, en présence des autorités, deux tombereaux et trois voitures de titres dont quelques-uns remontaient au VIIIe siècle. Quatre jours après on brûla les riches tapisseries et les meubles du tribunal de commerce, parce qu'ils portaient des fleurs de lis. A Preuilly, on brûla, avec les emblèmes religieux, les titres et les papiers trouvés dans le trésor du château de la Ralière[1].

En décembre 1794, Pocholle, le représentant du peuple, alla lui-même à Loches violer le tombeau

---

[1] *Histoire de Preuilly,* par Audigé et Moisand.

d'Agnès Sorel. Il fit exhumer l'urne contenant les restes mortels, s'empara d'une partie des cheveux, rompit les mâchoires pour en arracher les dents, que plusieurs personnes se partagèrent. Le reste des ossements furent remis où ils étaient [1].

Ces entraves, ces désordres dans les diverses fonctions de l'activité humaine ne pouvaient amener qu'une misère générale. En novembre 1790, au milieu d'une population de vingt mille habitants, il y avait à Tours cinq mille neuf cent pauvres, sans compter douze cents malades dans les hôpitaux.

Le 16 avril 1791, le « Journal du district de Loches » reçut la lettre suivante, qui montre aussi qu'autrefois on n'était pas toujours très malheureux : « Je connais un village situé à deux lieues de Loches (Barbeneuve), composé de trente à quarante feux, lesquels joints aux hameaux voisins forment une population d'environ cinq cents individus. Ce pays était autrefois un endroit charmant, dont les habitants coulaient leurs jours dans le sein de l'aisance et des plaisirs champêtres. Leurs terres étaient fertiles par les soins et les engrais qu'elles recevaient chaque année ; les maisons étaient bien entretenues, les rues en bon état. Les voyageurs y relayaient volontiers, parce qu'on y trouvait toutes les commodités de la ville et que tout y portait l'empreinte de l'industrie, de l'activité et de la civilisation. Aujourd'hui les choses ont bien changé de face. Ce même

<hr>

[1] *Mystères des vieux châteaux de France*, p. 228 (note).

pays n'offre plus que l'image de la misère, de l'apathie, de l'inaction. Les maisons tombent en ruine, les rues sont dépavées, tous les environs sont négligés, incultes; à peine les jardins sont-ils ensemencés. D'où vient un changement si fâcheux? Pourquoi les habitants sont-ils sans énergie, sans émulation et comme asphixiés[1]. »

Roland, ministre de l'intérieur, écrivait, le 1er septembre 1792, aux corps administratifs : « Malgré de superbes récoltes, les fausses terreurs semées à dessein s'emparent des esprits, et sous prétexte de s'opposer à des accaparements on intimide, on poursuit l'acquéreur, on ferme les denrées, et l'on produit réellement la disette au milieu de l'abondance... [2]. »

Celui qui mettait en réserve pour les mauvais jours, dénoncé comme accapareur, était cruellement traité. A Chinon, en 1793, un cultivateur, voyant le commerce diminuer et les blés devenir rares, avait conservé, pour nourrir sa nombreuse famille, de quatre-vingts à quatre-vingt-dix boisseaux de blé. Le malheureux fut dénoncé et guillotiné, et son grain fut confisqué. Or le blé valait à Tours cinquante francs le setier (l'hectolitre et demi).

Au mois de juin 1793, un habitant de Tours écrivait à un de ses amis réfugié en Suisse : « Tout le monde ici est dans l'épouvante et le désespoir... Les populations qui s'étaient crues affranchies par la Ré-

<hr>

[1] Biblioth. de Tours, fonds Taschereau, n° 699.
[2] *Ibid.*, n° 883.

volution de 1789, sont réduites à un véritable esclavage, et cependant le mot de liberté frappe partout les yeux... Les hommes du gouvernement, depuis le bourreau jusqu'au ministre, l'ont sans cesse à la bouche. Tout se fait et s'ordonne au nom de la liberté..., mais ce n'est là qu'une infâme dérision.

« Jamais, en effet, à aucune autre époque de l'humanité, la liberté individuelle, la liberté des cultes, la liberté de la pensée intime, la liberté de la conscience, la liberté de la presse, la liberté du commerce, n'ont été plus méconnues. Jamais on n'a poussé plus loin le mépris des droits de l'homme.

... La misère est partout. Riches comme pauvres se disputent un pain noir et dégoûtant à la porte des boulangers. Il n'y a plus de commerce : la loi du maximum l'a tué. D'autre part, nous sommes écrasés d'impôts, d'emprunts forcés, de taxes révolutionnaires dont le chiffre est arbitrairement fixé par nos tyrans. On enlève à l'agriculture les bras dont elle ne peut se passer ; nos chevaux sont mis en réquisition, et on nous les paye avec des chiffons de papier sans valeur. Les corvées féodales, qui avaient été abolies dans la mémorable nuit du 4 août, ont été rétablies ; on nous les impose sans relâche pour les transports accélérés... Et si quelqu'un ose faire une observation et se plaindre, on lui montre l'échafaud en permanence sur la place publique, et souvent on l'y conduit[1]. »

____

[1] Cité par Carré de Busserole, *Souvenir de la Révolution en Indre-et-Loire.*

A ces malheurs venait se joindre l'incurie administrative : « Tours n'a plus assez d'argent pour
acheter l'huile nécessaire à ses reverbères, et n'est
plus éclairé la nuit. Arrêté pour que l'agent des
subsistances à Paris remette à ses commissaires vingt
quintaux d'huile qui, sur trois cent quarante reverbères, pourront en entretenir cent jusqu'au 1er ger-
minal [1]. »

Les routes étaient dans un affreux état. On lit
dans un rapport du conventionnel Fourcroy : « La
route de Tours à Poitiers est détruite. Presque partout les chaussées n'existent plus; elles n'ont plus
d'encaissement; les pierres sont déplacées, brisées,
broyées. Partout des ornières profondes et inégales,
des trous de plusieurs mètres de longueur et de pro-
fondeur, remplis d'une terre molle qui les cache ;
vrais précipices où des voitures peuvent être englou-
ties tout entières ; malheur presque inévitable lorsque
deux voitures sont obligées de se croiser.

« ... Ailleurs on a fait usage de quartz, de granit
pour réparer les routes... Mais les pierres ne se
broient pas ; elles sortent de leur encaissement,
forment des points saillants et des creux alternatifs,
qui donnent aux voitures des secousses aussi violentes que répétées [2]. »

« Dans un voyage de sept cents kilomètres que

---

[1] Lettre de la municipalité de Tours du 19 vendémiaire an IV,
citée par Taine.

[2] Cité par Jean de Moussac, *les Bienfaits de la Révolution*,
p. 188.

Fourcroy fit sur cette route et sur celle de Poitiers à la Rochelle et à Nantes, sa voiture a été brisée six fois, et onze fois il a fallu chercher des bœufs pour le tirer des boues où son carrosse était enfoncé jusqu'au-dessus du moyeu des grandes roues [1]. »

Ces quelques citations suffisent pour indiquer ce qu'il faudra penser des déclamations des partisans de la Révolution qui viendront nous dire que l'instruction date de 1789, que cette époque a amené l'âge d'or en France, et que le développement des voies de communication, l'invention des chemins de fer, sont dus au génie révolutionnaire [2].

____

Telle fut la Révolution en Touraine, telle elle fut à peu près dans toute la France. Comme l'a si bien dit un vaillant député, M. de Mun, « la Révolution s'est présentée au monde comme une délivrance : l'ancien régime était un édifice miné par les abus ; le peuple souffrait et demandait justice ; l'habileté du

[1] Jean de Moussac.
[2] Cette idée ridicule a été développée dernièrement par un journal de Tours.

génie révolutionnaire fut de la lui promettre ; son crime est de ne la lui avoir jamais donnée [1]. »

Objectera-t-on l'admirable développement des sciences et de l'industrie ? Mais d'abord ce développement ne doit rien à la Révolution, comme des déclamateurs voudraient le faire croire ; et ensuite il n'a rien de commun avec la justice qui doit régler les relations sociales. Ou alors comment expliquer, au sein d'un progrès scientifique qui devrait amener un accroissement de bien-être, ce paupérisme effrayant dans les grandes villes, ces chômages forcés, l'incertitude du lendemain pour l'ouvrier, ces grèves gigantesques qui prennent des proportions alarmantes, grèves inconnues aux siècles précédents ? Pourquoi, si la justice préside au mouvement industriel et commercial, ces nombreux désastres commerciaux ? Comment expliquer ces spéculations indignes du nom chrétien qui élèvent un instant la richesse, et l'abîment ensuite « dans des catastrophes dont le contre-coup jette dans la misère des milliers d'êtres humains [2] » ?

Non, la Révolution, l'ennemie déclarée de Dieu, ne nous a pas donné la justice ; elle en était incapable. Car, disons-le sans crainte devant les essais impuissants des hommes d'État et des économistes libres penseurs, « l'incrédulité n'enfantera jamais la justice ; la justice est dans la parole de Jésus-

---

[1] Discours prononcé au congrès de Liège le 29 septembre 1886.

[2] Discours prononcé par M. le comte de Mun au congrès de Liège.

Christ[1] ; » là était le salut, là il est encore si les Français le veulent. Là seulement ils trouveront la Liberté, l'Egalité et la Fraternité, parce que là seulement se trouvent les vertus qui en sont la source et comme la règle indispensable : la Foi, l'Espérance et la Charité.

[1] Discours prononcé par M. le comte de Mun au congrès de Liège.

FIN

TABLE ALPHABÉTIQUE

DES LIEUX CITÉS

TABLE

140